数智转型下高校金融类专业产教融合影响因素及优化路径研究

罗长青　蔡韬　著

中国矿业大学出版社

China University of Mining and Technology Press

·徐州·

图书在版编目(CIP)数据

数智转型下高校金融类专业产教融合影响因素及优化路径研究 / 罗长青，蔡韬著. —徐州：中国矿业大学出版社，2025.4. —ISBN 978-7-5646-6598-2

I. F832

中国国家版本馆 CIP 数据核字第 2024U8H443 号

书　　名	数智转型下高校金融类专业产教融合影响因素及优化路径研究
著　　者	罗长青　蔡　韬
责任编辑	章　毅
出版发行	中国矿业大学出版社有限责任公司
	（江苏省徐州市解放南路　邮编 221008）
营销热线	（0516）83885370　83884103
出版服务	（0516）83995789　83884920
网　　址	http://www.cumtp.com　　E-mail：cumtpvip@cumtp.com
印　　刷	湖南省众鑫印务有限公司
开　　本	710 mm×1000 mm　1/16　印张 11　字数 168 千字
版次印次	2025 年 4 月第 1 版　2025 年 4 月第 1 次印刷
定　　价	78.00 元

（图书出现印装质量问题，本社负责调换）

罗长青　男，湖南宁乡人，湖南工商大学财政金融学院教授、博士生导师，美国戴顿大学（University of Dayton）访问学者，担任湖南省金融学会学术委员会委员，获省级教学成果奖二等奖、三等奖以及湖南省优秀研究生导师称号。主要研究方向为机器学习和统计方法在信贷组合风险预警、虚拟货币挖矿规模监测、金融风险传染测度与预警中的应用、高等教育管理，主持和参与国家自然科学基金/国家社会科学基金、科技部国家重点研发项目近10项；主持建设"商业银行经营管理"湖南省精品在线开放课程。在《系统工程理论与实践》《中国管理科学》、Economic Modelling 等期刊发表论文30余篇。

蔡　韬　男，湖南娄底人，湖南工商大学硕士研究生。研究方向为数智金融及金融产教融合。作为核心成员参与国家级和省部级课题3项。

前　言

以人工智能、大数据分析为代表的数智技术正加速发展，对人类日常生活和工作以及经济社会发展产生了巨大而深远的影响，在此趋势下，金融业的发展以及教育的改革均在进行数智化转型。一方面，金融业的数智化转型催生了交叉复合型高级应用人才的需求。另一方面，高等教育也需要借助数智技术破除教育界与产业界之间的藩篱，培养真正满足行业发展需求和面向国家发展战略的金融人才。

我国政府高度重视数智技术对教育的赋能作用。近年来，我国出台的《中国教育现代化2035》《教育信息化2.0行动计划》等一系列政策性文件均有效推动了教育的数智化变革，这对于教育资源的优化配置、教育公平性的实现、教育效果的提升均取得了较大的推动作用。对于产教融合培养方式，随着《国务院办公厅关于深化产教融合的若干意见》（国办发〔2017〕95号）《关于印发〈"十四五"时期教育强国推进工程实施方案〉的通知》（发改社会〔2021〕671号）等规划和政策的相继出台和实施，产教融合人才培养模式正成为高素质应用型人才培养的重要方式，众多高校广泛运用该模式进行人才培养，取得了较显著的人才培养成效。

虽然产教融合是一种较好的人才培养模式，但在金融类专业产教融合乃至财经类产教融合实施过程中仍然存在一定的问题，如企业参与的积极性不高、相关制度不完善、高校教师的考核与产教融合的实践存在矛盾等。为培养高素质应用型金融人才，这些问题需要得到有效解决。在推进金融强国建设以及建设强大的金融人才队伍的目标导向下，有效解决这些问题，并创新和优化产教融合的体制机制成为了高等教育界共同关注的话题。

数智转型下高校金融类专业产教融合影响因素及优化路径研究

在此背景下,本书系统研究了数智转型下金融类专业产教融合的影响因素及优化路径。首先在相关理论分析和文献综述的基础上,从本科人才培养和研究生人才培养两方面探讨了现阶段产教融合实施过程中存在的问题;然后结合理论分析,运用调查研究和结构方程模型实证检验了产教融合人才培养效果的影响因素;接着,在分析国内外产教融合人才培养模式的基础上,提出了数智转型下金融类专业产教融合人才培养的模式,并分别从课程建设、教学方法改革和实验室建设等方面分析了数智转型下金融类专业产教融合人才培养的重点优化路径;最后从资金、师资团队、制度等方面提出了数智转型下金融类专业产教融合实施的保障体系。本书的相关观点和成果吸收了国内外产教融合、高等教育等领域的研究成果,并尝试和探索优化数智时代的金融类专业产教融合人才培养模式,旨在为新时代金融人才以及财经人才的培养提供一定的借鉴,借此抛砖引玉,期待社会各界对产教融合人才培养予以更多的关注,为金融人才队伍的建设汇聚更强大的力量。

近年来,湖南工商大学金融学专业加强了交叉融合和产教融合人才培养的力度,在金融学湖南省"十三五"专业综合改革试点项目的建设过程中均重视数智引领和产教协同,2019年湖南工商大学金融学专业被立项为首批国家一流本科专业建设点,在其后的建设过程中,金融学专业突出"数智引领,交叉融合,虚实融合"等专业建设理念,探索了数智转型下的"创新型、创业型、复合型、应用型"金融人才培养模式。本书的相关研究成果已在专业建设中得到应用,并在今后的应用中将进一步完善,在此感谢学校和学院领导以及金融专业建设团队的支持。本书是湖南省教育科学"十三五"规划课题"地方高校金融学专业产教深度融合的影响因素及优化路径研究"(课题编号:XJK19BGD029)的研究成果,感谢湖南省教育科学规划课题的资助。同时,本书得到了湖南省研究生培养创新实践基地——湖南工商大学金融专硕研究生培养创新实践基地(湘教通〔2019〕248号)等专业建设平台的资助,在此表示感谢。在本书的撰写过程中,得到了许多专家的指导和帮助、参考了大量文献,在此表示感谢。此外,感谢李函霏、张文博、卢旭燕等研究生的参与。

目　录

第1章　绪论 ·· 1

 1.1　研究背景及意义 ·· 1

  1.1.1　选题的现实背景 ·· 1

  1.1.2　研究的理论基础 ·· 3

  1.1.3　研究意义 ··· 5

 1.2　相关领域的研究综述 ··· 6

  1.2.1　产教融合的定义与内涵 ··· 6

  1.2.2　产教融合的模式研究 ·· 7

  1.2.3　高校产教融合的问题及对策研究综述 ······························ 10

  1.2.4　人工智能对高等教育的影响研究综述 ······························ 12

  1.2.5　金融学专业产教融合的相关研究综述 ······························ 14

  1.2.6　文献总体评述 ··· 16

 1.3　技术路线和研究方法 ·· 17

第2章　基于本科层面的高校金融类专业产教融合问题分析 ··············· 19

 2.1　高校产教融合的模式有待创新 ·· 19

 2.2　企业参与产教融合的动力有待提升 ······································ 21

 2.3　政府协同推进的力度有待加强 ·· 23

  2.3.1　产教融合过程中的政府职能需进一步发挥 ······················· 23

  2.3.2　产教融合政策实施乏力 ·· 23

 2.4　本章小结 ··· 24

第3章 基于研究生层面的高校金融类专业产教融合问题分析 ········ 25
3.1 多主体协同机制不健全 ········ 25
3.1.1 实践与理论的脱节导致协同机制不健全 ········ 25
3.1.2 多元主体合作动力不足导致协同效应发挥不充分 ········ 26
3.2 跨学科协调模式不健全 ········ 27
3.2.1 课程设置缺乏跨学科性 ········ 27
3.2.2 教学方法和手段缺乏创新 ········ 28
3.3 研究生培养滞后于行业实际需求 ········ 29
3.3.1 课程内容与行业需求的匹配度有待提升 ········ 29
3.3.2 实践教学环节较薄弱 ········ 29
3.3.3 对行业动态和趋势的敏锐度不足 ········ 30
3.4 基于产教融合的激励和评价体系不健全 ········ 30
3.4.1 协同创新的激励机制不足 ········ 30
3.4.2 协同创新的评价体系不完善 ········ 31
3.4.3 产教融合的效果反馈机制缺失 ········ 31
3.5 本章小结 ········ 32

第4章 金融类专业产教融合效果影响因素理论分析 ········ 33
4.1 耦合效应的影响 ········ 33
4.1.1 双主体耦合效应 ········ 33
4.1.2 多主体耦合效应 ········ 34
4.2 主体内部效应的影响 ········ 34
4.2.1 高等院校影响因素 ········ 34
4.2.2 企业影响因素 ········ 35
4.3 外部效应的影响 ········ 36
4.3.1 宏观教育政策对产教融合的影响 ········ 36

目 录

  4.3.2 区域经济发展及市场竞争的影响 ·············· 36
  4.3.3 社会文化环境的影响 ························ 36
  4.3.4 家长支持力度的影响 ························ 37
 4.4 本章小结 ······································ 37

第5章 数智转型下高校金融类专业产教融合影响因素检验 ·········· 39
 5.1 影响因子预设及理论模型框架构建 ················ 39
 5.2 量表设计与数据来源 ···························· 40
 5.3 量表数据信效度分析 ···························· 42
 5.4 结构方程模型分析 ······························ 43
 5.5 本章小结 ······································ 46

第6章 数智转型下高校金融类产教融合的总体优化路径分析 ·········· 47
 6.1 产教融合的典型模式分析 ························ 47
  6.1.1 双元制模式 ································ 47
  6.1.2 学徒制模式 ································ 48
  6.1.3 "三明治"模式 ······························ 49
  6.1.4 CBE 模式 ·································· 50
  6.1.5 TAFE 模式 ································· 51
  6.1.6 教学工厂模式 ······························ 52
  6.1.7 实习基地模式 ······························ 53
  6.1.8 现代产业学院模式 ·························· 54
  6.1.9 开放合作研发模式 ·························· 55
 6.2 基于产教融合基地建设的总体模式分析 ············ 55
 6.3 基于本科层次的产教融合总体优化路径 ············ 59
  6.3.1 完善交叉融合培养模式 ······················ 59
  6.3.2 构建理论实践一体化教学体系 ················ 60

  6.3.3 建设实践应用型师资队伍 ………………………………………… 60
  6.3.4 创新实践课程内容 …………………………………………………… 61
  6.3.5 构建国际化合作交流平台 …………………………………………… 62
 6.4 基于研究生层次的产教融合总体优化路径 ……………………………… 63
  6.4.1 多主体协同的金融类研究生教学模式构建 ……………………… 63
  6.4.2 建立基于协同理念的跨学科金融类研究生培养模式 …………… 65
  6.4.3 实施以应用需求为导向的金融类研究生科研创新模式 ………… 67
  6.4.4 建立基于协同理念的金融类研究生培养激励与评价体系 ……… 71
 6.5 本章小结 …………………………………………………………………… 73

第7章 数智转型下高校金融类产教融合课程建设研究 ……………………… 75
 7.1 金融类产教融合课程建设的现状分析 …………………………………… 75
  7.1.1 产教融合课程建设的参与积极性逐渐提高 ……………………… 75
  7.1.2 产教融合课程建设的资源投入有所增长 ………………………… 77
  7.1.3 产教融合课程建设的管理体制逐步完善 ………………………… 79
  7.1.4 产教融合课程建设的政策支持力度逐渐增大 …………………… 80
 7.2 课程建设创新路径分析 …………………………………………………… 82
  7.2.1 校企双方共同编制教材 …………………………………………… 82
  7.2.2 创建以虚拟教研室为平台的课程开发新生态 …………………… 86
  7.2.3 打造虚拟仿真实验类金课 ………………………………………… 89
  7.2.4 构建行业联动的课程实践体系 …………………………………… 91
 7.3 本章小结 …………………………………………………………………… 93

第8章 数智转型下高校金融类产教融合的教学方法改革研究 ……………… 95
 8.1 教学方法改革的特点和趋势 ……………………………………………… 95
  8.1.1 教学方法改革的特点 ……………………………………………… 95
  8.1.2 教学方法改革的相关技术 ………………………………………… 96

目　录

8.2　基于组织方式的高校教学方法创新 ·············· 97
　　8.2.1　构建产教融合的教学组织形式 ············ 97
　　8.2.2　运用网络技术优化教学组织 ·············· 98
　　8.2.3　实施数据驱动的教学管理 ················ 99
　　8.2.4　创新弹性教学方式 ····················· 100
　　8.2.5　强化实践教学环节 ····················· 101

8.3　基于数智技术的教学方法创新 ················· 102
　　8.3.1　基于人工智能技术的教学方法创新 ······· 102
　　8.3.2　基于AIGC技术的教学方法创新 ·········· 103
　　8.3.3　基于大数据技术的教学方法创新 ········· 104
　　8.3.4　技术准入与数智技术风险防范 ··········· 106

8.4　本章小结 ··································· 112

第9章　数智转型下高校金融类产教融合实验室建设研究 ··· 113

9.1　高校商科类实验室建设模式及趋势 ············· 113
　　9.1.1　高校商科类实验室建设的模式 ············ 113
　　9.1.2　高校商科类实验建设的趋势分析 ·········· 115

9.2　数智转型下金融类实验室建设的路径分析 ······· 116
　　9.2.1　实验室建设模式与步骤 ·················· 116
　　9.2.2　认知调整与资源均衡配置 ················ 117
　　9.2.3　提升基础设备设施利用率 ················ 118
　　9.2.4　建设开放性实验室 ······················ 118
　　9.2.5　加强跨学科资源整合 ···················· 119

9.3　本章小结 ··································· 120

第10章　数智转型下高校金融类产教融合的保障机制研究 ··· 121

10.1　产教融合人才培养的资金保障机制建设 ········ 121

- 10.1.1 增加政府财政投入 ··· 121
- 10.1.2 引导社会资本投入 ··· 123
- 10.1.3 优化资金使用和管理 ··· 124
- 10.1.4 激发企业投入积极性 ··· 125

10.2 产教融合人才培养的师资保障机制建设 ································ 126
- 10.2.1 提高教师的数智能力和专业素养 ································· 126
- 10.2.2 加强教师的实践能力培养 ······································· 128
- 10.2.3 建立健全教师培训机制 ··· 130
- 10.2.4 加强师资队伍的引进和培养 ····································· 131
- 10.2.5 激励教师的创新精神 ··· 134

10.3 产教融合人才培养的政策保障机制建设 ································ 135
- 10.3.1 加强产教融合人才培养的顶层政策设计 ··························· 135
- 10.3.2 提供财政和税收优惠 ··· 136
- 10.3.3 促进信息共享和沟通协作 ······································· 137
- 10.3.4 加强宣传与推广 ··· 138

10.4 产教融合人才培养的质量保障机制建设 ································ 139
- 10.4.1 互动协调机制的建立与完善 ····································· 139
- 10.4.2 建立产教融合质量标准体系 ····································· 140
- 10.4.3 完善质量监控与反馈机制 ······································· 141
- 10.4.4 构建产教融合监督机制 ··· 145

10.5 本章小结 ··· 146

第11章 结论 ··· 147

参考文献 ··· 151

第1章 绪 论

1.1 研究背景及意义

1.1.1 选题的现实背景

金融是国民经济的血脉，是国家核心竞争力的重要组成部分。2023年中央金融工作会议提出"加快建设金融强国"，金融要为经济社会发展提供高质量服务，将金融工作提升到战略高度。党的二十届三中全会强调要"深化金融体制改革"。在加快培育和发展新质生产力的进程中，金融业的作用将愈加凸显，国家宏观战略的推进迫切需要大量高素质应用型金融人才。随着数智技术的发展及其在金融领域的应用，金融发展模式和金融行业结构都呈现出"数字化""智慧化"等新特点，以金融大模型、人工智能、多模态数据处理、先进计算等为代表的数智金融正成为数字经济时代的金融服务新模式，并且成为了新质生产力发展的有力支撑。为适应数智化转型的需求，各类金融机构均加大了数智技术研发和应用的投入。根据艾瑞咨询的研究，中国银行业金融科技投入持续增长（图1-1），由2019年的1 731.7亿元增加至2023年的2 793.2亿元。而根据零壹财经的统计数据，前六大国有大型商业银行在2019—2023年的金融科技总投入达到了5 142.26亿元。根据财联社的统计数据，部分券商在2023年的信息技术投入总额达到了281.1亿元[①]。各类金融机构正运用金

[①] 财联社.科技提升是硬道理，44家券商IT投入281亿，14家超10亿，有券商IT人员占近两成[EB/OL].（2024-06-01）[2024-09-24].https://www.163.com/dy/article/J3KI3B1E05198CJN.html.

融科技不断改进服务模式，监管机构也在运用数智技术创新监管方法，这进一步增大了市场对高素质应用型金融人才的需求。

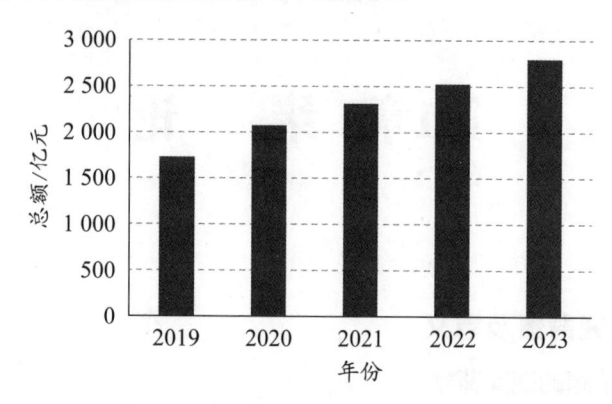

图1-1　中国银行业金融科技投入总额

数据来源：艾瑞咨询（https://www.wstactic.com/Tactic/wp-content/uploads/2024/09/WSTactic-20240906113820535677.pdf）。

随着金融数智化转型的加速，金融行业对数智金融人才的需求也在不断增大。根据清华大学五道口金融学院金融安全研究中心的调查数据，79.1%的金融监管部门、金融机构领导或高管认为数据分析能力是金融人才的重要技能（周道许 等，2024）。站在金融业发展的大趋势与金融科技创新的现实背景看，当前金融市场出现了交易复杂化、监管技术化、产品智慧化、方法工程化等特点，这就要求大力培养复合型高素质金融人才（杨胜刚，2021）。随着ChatGPT的快速发展，传统的教学理念正在扭转，更加包容、更加交叉的学科和教育体系正在构建（Qadir，2023；陈晓红 等，2024）。在此形势下，培养交叉复合型金融人才是新时代金融高等教育的一个新课题。

为加快培养高素质新型金融人才，需要面向金融行业数智化转型的趋势，紧密对接国家发展战略和行业发展的实际需求，这就要求破除学校与产业的藩篱，并建立产教协同培养的模式，从而真正达到新金融人才培养的目的和效果。党的二十届三中全会审议通过的《中共中央关于进一步全面深化改革、推进中国式现代化的决定》（2024）强调"教育、科技、人才是中国式现代化的基础性、战略性支撑"，并对深化教育综合改革作出系列部署。加强产教协同，实现产教融合是培养卓越应用型金融人才的重要举措，也是全面贯彻落实国家教育部署的要求。《国家中长期教育改革和发展规划纲要（2010—2020年）》（2010）、《统筹推进世界一流大学和一流学科建设总体方案》（2015）、《国务院办公厅关于深化产教融合的若干意见》（2017）、《教育部关于加快建设高水平本科教育全面提高人才培养能力的意见》（2018）、《"十四五"时期教育强国推进工程实施方案》（2021）等政策和文件均对高等教育的产教融合工作提出了规划或指导意见。《中共中央关于进一步全面深化改革、推进中国式现代化的决定》（2024）强调"完善学生实习实践制度"，这一部署对促进学生德智体美劳全面发展、培养高素质人才具有重要意义[①]。也是在此背景下，应进一步推进行业产教融合共同体试点、示范和标准建设，加快实现校企双向赋能、双向奔赴，形成和完善高校与业界的协同培养模式。

然而，在当前产教融合的实施过程中，还存在融合程度不深、融合效果不佳等问题。这些问题对于金融类人才的培养同样存在，并在一定程度上制约了高素质金融人才的培养。为探索这些问题的解决方案，提升产教协同育人的效果，本书以产教深度融合为研究对象，探讨产教融合人才培养的影响因素，同时在数智转型趋势下，提出金融人才产教协同培养的具体对策，从而为财经类高校的产教融合实践提供相关借鉴，并在一定程度上推动财经类专业加快转型发展、内涵发展或特色发展，为提高人才培养规格与质量提供新思路。

1.1.2 研究的理论基础

本书基于教劳结合思想、"知行合一"思想、教育建模理念、人本主义理论、

[①]《党的二十届三中全会〈决定〉学习辅导百问》第23问，就"为什么要完善学生实习实践制度"提出了三点认识：第一，完善学生实习实践制度，是新时代全面贯彻党的教育方针，落实好立德树人根本任务的迫切需要；第二，完善学生实习实践制度，是全面提高人才自主培养质量，完善拔尖创新人才培养体系的重要举措；第三，完善学生实习实践制度，是提升学生就业技能、促进公平就业和高质量就业的有效途径。

数智转型下高校金融类专业产教融合影响因素及优化路径研究

利益相关者理论等思想和理论，对产教融合的影响因素和优化路径展开研究。

（1）马克思的教劳结合思想。教育是一种有目的、有意识的人类活动，教育从生产实践中产生，又反作用于生产实践，对生产实践起指导作用。教育必须与生产劳动和社会实践相结合，是马克思主义的一个基本观点。马克思在《资本论》中明确提出了教育与生产劳动相结合对生产和教育的重要作用，认为"它不仅是提高社会生产力的方法，而且是造就全面发展的人的唯一方法"。新时代党的教育方针强调要坚持社会主义办学方向，落实立德树人根本任务，扎根中国大地办教育，同生产劳动和社会实践相结合。因此，教育和产业的融合发展既有必要性，也有必然性。由此可见，产教融合是教育与生产劳动相结合逐步演化而来的，是马克思主义教劳结合思想中国化的体现（夏霖 等，2022）。

（2）"知行合一"思想。知行合一与产教融合在现代教育体系中展现出高度的契合性。"知之真切笃行处即是行，行之明觉精察处即是知"。知行合一是我国古代传统哲学思想，强调知识与实践的紧密结合，即认识与行动的统一。产教融合则是将产业与教育深度融合，实现知识传授与实践能力培养的有机结合。两者都致力于打破传统教育中的理论与实践脱节现象，通过实际工作环境中的学习和操作，使学生不仅能够掌握理论知识，还能在实践中深化理解并提升创新能力。

（3）建构主义教学理论。根据建构主义教学理论，在产教融合过程中，应深入挖掘产教融合的影响因素，通过学生与学校、企业、政府多维度的相互作用，引导学生在实践中发现问题，解决问题，激发学生主动探寻学习的意义。该理论要求学生用探索方法，去建构知识的意义，在建构意义过程中主动分析有关信息和资料，对所学问题提出各种假设并加以验证，并把当前学习内容所反映的事物尽量和已知事物联系起来，从而激发学生学习兴趣。这一理念为产教融合提供了更加科学和系统的方法论支持，推动了教育与产业的深度融合与发展。

第1章 绪 论

（4）人本主义理论。基于人本主义理论，强调学习过程中人所占的主要作用，通过将学生视为学习过程中的主体，以"四个回归"为要求，顺应人本主义理论，以培养学生为根本目标。人本主义强调以人为本，尊重个体差异。该理念在产教融合中体现为关注学生的个性化需求和职业发展路径，确保教育内容与产业需求紧密结合，同时促进学生全面发展。人本主义还强调建立和谐、积极的学习环境。在产教融合模式下，学校与企业应共同营造开放、包容的合作氛围，促进师生、生生以及校企之间的有效沟通与协作，共同推动教育质量的提升和产业的发展。

（5）利益相关者理论。利益相关者理论起源于企业管理领域，由斯坦福研究所（Stanford Research Institute）提出。产教融合涉及多个主体，包括政府、高等院校、企业、学生、行业协会以及社会公众等，这些主体都是产教融合的利益相关者。不同利益相关者在产教融合过程中有着不同的利益诉求。为了确保各利益相关者的利益在产教融合过程中得到合理平衡和满足，需要构建有效的利益协调机制。

本书通过对我国现阶段数智转型趋势下本科高校，尤其是地方本科高校产教融合现状的分析，识别国内高校产教融合实践过程中存在的主要问题，探寻产教深度融合的主要制约因素，并结合数智时代背景下深化产教融合的要求与目标，建立高校金融类专业产教融合的优化路径及保障体系，为我国财经类高校实践型、应用型和创新型人才培养提供理论和实证依据。

1.1.3 研究意义

（1）有助于明确数智转型下产教融合人才培养模式的重要价值。当前金融行业和高等教育正在进行数智化转型，如何培养适应行业发展变化的高级应用型金融人才是金融高等教育的一个重要命题。本书通过结合产教融合的相关理论，分析了产教融合的相关问题及国内外模式，认为通过人工智能、大数据技术推动金融产教融合，是实现高级应用型金融人才培养的重要途径。

以提高产业创新，同样，学工厂同样也可锻炼大学生的实践能力。AlMalki 等（2023）考虑工业4.0对教育和人才培养的影响，运用德尔菲法，从三重螺旋（即大学、产业和政府）的视角，研究了工业4.0背景下产教融合的推动和阻碍因素，其研究结果表明国家战略是最重要的因素。Li 等（2023）分析了工业4.0战略下的公立高等教育（Public Higher Education，PHE）协同创新系统的影响因素，其研究认为建立评估高等教育协同创新的框架是推动协同创新的重要举措，并认为对创新的接受度以及技术基础设施的完善度是影响协同创新和产教融合的两大重要因素。He 等（2023）认为大数据技术在制造过程中的集成已成为常态，随着社会对数字经济的依赖程度增加，高校应以产教融合的方式满足学生的需求，并提出通过跨技术信息管理（Inter-Technology Information Management，ITIM）系统来优化产教融合，从而弥合产业与教育之间的"鸿沟"。Wang 等（2023）也提出了工业4.0和数字化转型下高等教育产教融合的影响因素，并认为制定新课程是关键因素。Hashim 等（2024）分析了研发能力、商业创新能力和人本主义对工业5.0下的产学研合作进行了分析，并认为数字化转型、可持续发展和人本主义是教育5.0的核心要素。

一些学者研究了产教融合的模式。邢赛鹏等（2014）认为产教融合有政府主导型、市场主导型和行业组织主导型等三种校企合作模式。杨善江（2014）认为解决制约当前产教融合问题的关键在于充分提高政府、企业、院校的角色胜任力，并建立三者深度融合的长效机制，但是由于管理教育的复杂性与多学科性，因此也面临着巨大的实现困境，在此基础上详细介绍了发展"产教融合"的重要性。赵军等（2018）则是以"产教融合"为中心思想加强地方高校工科建设，通过共建工程教育共同体、构建跨界体系、突破学科藩篱、加强师资队伍建设、提升工程实践能力、践行新工科教育范式、开展教育教学综合改革等，实现与行业"协同育人"。唐未兵等（2018）构架了"三螺旋"合作模式，阐述了"产教融合"理念下的协同育人机制。于竞等（2018）提出了将"产教融合"贯穿于高水平应用型高校建设的全过程，通过以"产教融合"为核心机制，来加强应用型高校顶层设计。潘传广等（2023）构建了产教融合背景下职业院校"双螺旋"人才培养模式，并阐释了实践路径。肖静华等（2023）在分析大学生特征及产教融合机遇与挑战的基础上，提出并定义"活"案例概念，构建了一套以企业实际管理实践为内容的教学活动体系，涵盖教学设计、实施、方法与评估。梁传杰等（2023）探索了以企业需求为导向的研究生培养模式，该模式涵盖校企协同选拔人才、合作优化培养方案、联动实施双向选择、联合实行双师指导、互动强化学生管理、协作创新质量评价等方面。汪霞等（2024）深入探讨了产教融合协同培养人才的内涵，并以"扬子江菁英计划"为例，研究了其跨越边界创新产教融合协同培养研究生的新模式。聂挺等（2024）认为现行产教融合组织形态的治理结构主要分为三种：单一主导型（其特点在于权力和责任的集中）、双元主导型（以对等性和均衡性为主要特征）和多元共同体型（强调整体性和协同性）。洪军等（2024）提出"一中心（研发中心）、一孵化（技术成果转孵化器）、两围绕（围绕产业链部署创新链、围绕创新链部署产业链）、一共享（校招共享）"的产学研深度融合发展模式，旨在推动科技人才培养。

丁国富等（2024）提出了基于知识图谱的产教融合课程体系持续改进模式，该模式通过精确采集产业界对高等工程教育的能力需求信息，与课程知识点进行匹配映射，构建产教双向能力达成评价和持续改进的机制。郭广军等（2024）的观点认为现阶段职业院校深化产教融合存在产教融合政策供给不足、产教融合治理体系不健全、产教融合资源投入不足、产教融合实施有效性不足等方面的问题，并给出了相对应的建议。李巾锭等（2024）分享了"1+N+X"产教融合协同育人模式，以满足储能领域"高精尖缺"人才培养需求。李武玲等（2024）提出了产教融合"四轮驱动"体系，主要包含政策系统驱动、产业协同驱动、数字技术驱动及市域主体驱动等4个单元。以上研究探讨了各种各样的产教融合模式，但是国内大多数研究关注的对象是职业学院，对本科高校的研究较少，尤其是针对金融类专业产教融合的文献更为少见。

在加快发展新质生产力背景下，张淼（2024）认为新质生产力视角下产教融合呈现出新质态的"创新驱动"的组织建设机制。王棒等（2024）认为产教融合可以通过优化校企合作中各生产要素的物质空间布局、构建校企协作共生共荣的社会空间格局，以及营造以产教协同创新文化为主导的精神空间等机制，为新质生产力的发展赋能。和震（2024）认为产教融合是职业教育取得成功的关键路径，同时也是实现创新驱动、高质量发展以及服务新质生产力形成的重要渠道。戴瑞婷等（2024）指出产教融合的教育模式已成为推动我国高等教育实现高质量发展、助力我国迈向世界新兴科技创新中心的重要手段和途径。

当前，产教融合被视为提升教育质量、推动产业发展乃至促进国家宏观经济发展的关键因素，其重要性得到了广泛认可。因此，深入研究产教融合的各种模式显得尤为重要，这对于进一步增强教育质量、加速产业发展以及助力国家宏观经济高质量发展具有不可替代的作用。

1.2.3 高校产教融合的问题及对策研究综述

新时代背景下的"产教融合"遇到了许多难以避免的问题。丁建石（2013）认为高职院校产学合作面临如何与产业链融合等问题。翟志华（2014）提出，我国校企合作工作目前还存在社会认可度低、法律强制不够、政策不利发展、就业形势严峻、资格认证不完善、学校能力不强等问题。杨善江（2014）指出当前职业教育尚不适应"产教融合"的主要问题表现在外部环境不完善、产教对接不紧密、教师素质不达标、实训条件不足等方面。邢赛鹏等（2014）从本科高校师资队伍建设作为出发点来探究高校"产教融合"以及"校企合作"的问题。丁红玲等（2015）提出产教融合只是流于表象，"学校学习"与"职场学习"并未真正深层次融合。陈星等（2020）通过"中心－边缘"结构特征理论说明高校试图通过产教融合解决教育和产业联系不紧密的问题，但该方法的应用效果并不乐观。李玉珠（2018）认为我国"产教融合"的制度环境存在一定问题同样是导致"产教融合"发展缓慢的原因。董维春等（2022）指出产教融合存在人才培养与需求不匹配、产教融合稳定性不足、资源及整合不足和产教融合环境营造欠缺等功能层面的问题。肖纲领等（2023）认为高校产教融合的困境在于政策文件的针对性和操作性不足，融合的价值观及专业规范不充分，文化氛围不强，激励制度与机制不健全等。聂建强（2023）认为高校知识产权复合型人才培养规模、层次以及内容与市场需求不匹配的问题比较突出，存在产教融合的壁垒。现有研究大多认为当前产教融合存在程度不深等问题，这导致了产教融合的效果受到制约，而对于制约因素，当前的研究较少探讨。为了解决当前的问题，提高产教融合的效果需要对影响产教融合的因素进行深入研究。

一些学者针对产教融合存在的问题提出了对策。张绪忠等（2020）提出深化产教融合政策的可操作性，加强深化产教融合政策扩散的力度，推动深化产教融合政策落地，加强和推动深化产教融合生态体系的建设。李晓（2020）指出应该明确类型化教育的功能定位，分层次推进产教融合；加强对农民工的培训力度，不断开拓产教融合新形式；在非替代性技能形成领域推行现代学徒制，提升产教融合的程度。罗成翼等（2020）提出应强化规划统筹，构建学科专业设置与产业转型升级联动机制，应实现多主体参与，激活产教融合动力机制，并通过一体式综合集成，构建产教融合保障机制，最终激发参与活力，完善产教融合评价机制。杨璐等（2021）针对高职院校产教融合的困境从资源建设、专业设置、产教融合、实训项目四个角度提出了对策。朱铁壁等（2022）结合五省15所高职院校，对其产教融合的成熟度作出了评价及相关对策。白逸仙等（2022）基于103个案例，从项目目标、实施状况、项目评价三个方面进行全景式分析，提出以目标为指引建立产教融合长效机制，以协同创新为基础构建产教融合生态系统，以多元多维为导向建立产教融合评价体系的政策建议。姜红等（2023）则是对77份相关国家政策文件中的内容进行梳理，多角度分析政策工具、施策对象、施策目标之间的适配性，并从不同方面提出了对策。

综上所述，当前高校产教融合面临着一系列问题与挑战，包括与产业链融合不足、社会认可度低、政策环境不利等，这些问题严重制约了产教融合的效果和深度。学者们针对这些问题提出了多种对策，如深化产教融合政策、构建生态体系、明确功能定位等，这些对策对产教融合人才培养模式的优化提供了改革方向，但高校产教融合的具体优化路径仍需进一步探索和完善。因此，研究如何优化产教融合路径，解决当前问题并克服挑战，对于促进产教融合向更深层次、更高质量的发展而言具有重要意义。

1.2.4 人工智能对高等教育的影响研究综述

随着人工智能的快速发展，其对高等教育的影响越来越显著。在此背景下，相关文献分析了现阶段对高等教育影响较大的人工智能技术及其相应特点。雷晓燕等（2023）指出为了解决数字素养教育的结构复杂、师资匮乏和时空局限等问题，利用大模型下的人工智能生成内容嵌入数字素养教育的有序优化，为构建全民普惠的数字素养教育机制提供有力支撑。卢宇等（2023）指出人工智能领域的多模态大模型在教育应用方面存在着巨大的应用潜力。罗江华等（2023）认为在推动多模态学科知识图谱的创生以及智慧教育的普及过程中，ChatGPT-4等多模态大模型发挥了关键性的作用。曹培杰等（2024）认为从通用大模型到教育大模型，是人工智能大模型技术深化发展的重要趋势，并提出了应用驱动、共建共享的创新架构和"以学习者为中心"的未来应用场景。宰冰欣等（2024）调查发现人工智能LibGuide已在国外高校图书馆的信息素质教育中被广泛应用，并从人工智能知识、使用、信息引用、思维、伦理五个维度考察了LibGuide的内容要素。彭丽华等（2024）认为目前对高等教育影响最大的人工智能技术为多模态和交互式AI、生成式人工智能等。

一些学者研究了人工智能技术为高等教育赋能的方式。Guo等（2023）指出利用ChatGPT等人工智能技术培养高等教育中的批判性思维技能是十分有价值的。吴砥等（2023）提出人工智能与教育的融合发展需坚持以人为本，注

第1章 绪　　论

重学生高阶思维培育，并健全相应的伦理规范体系。周丽萍等（2024）指出高校是培养学生核心能力的主阵地，课程教学尤其是跨学科课程对发展适应 AI 时代需求的高阶核心能力有突出贡献。王盛等（2024）探索了基于生成式人工智能应用的批判性信息素质教育的实践路径，该路径包括教育目的设定、内容设计、实现形式、团队建设和成效评估等方面。林敏等（2024）认为生成式人工智能的快速发展正在重塑教师教育的权威性和知识传递方式，对教师教育的深层变革和转型提出了新要求。文秋芳（2024）认为人工智能应继承教育优良传统，促进教育体系变革，而非引发颠覆性革命。李辉等（2024）认为人工智能生成内容为高等教育数字教材建设带来新动能，具有强大技术潜力和明确价值指向，有助于推进教育公平和现代化，建设终身学习型数字社会，并充分发挥学生主体性。

也有一些学者提醒并指出新兴人工智能技术的到来会伴随一定程度的风险。Thorp（2023）指出 ChatGPT 等人工智能已经对科学研究产生了影响，而人工智能应当只是作为工具辅助人类，呼吁维护科学教育的原创性。巫娜（2024）的研究结论表明生成式人工智能，如 ChatGPT，与教育活动的主体性关系是伪主体间的，因此其在教育中的应用也可能带来不确定性风险。吴河江等（2024）认为通用大模型具备"能理解会创作"的能力，可能为教育实践带来颠覆性变革，但也可能加剧传统伦理问题并产生新的风险，主要包括技术风险、内容风险、数据风险与算法风险。郑永和等（2024）提出人工智能为教育的创新发展带来新的驱动力，推动教育评价的转型升级，但同时也带来了诸如技术至上遮蔽评价本质、标准缺失误导评价方向、算法偏见影响评价效度、反馈缺失削弱评价价值、人机互信危机阻碍评价实施、技术僭越加剧评价风险等一系列问题。Kern（2024）则认为人工智能技术可能会使得学生产生依赖心理，从而无法达到真正培养学生语言能力的目标。综上所述，人工智能技术对高等教育产生了深远的影响，它在解决数字素养教育的结构复杂、师资匮乏等问题方面展现了巨大的潜力，并推动了多模态学科知识图谱的创生、智慧教育的普及以及教育大模型的发展。然而，人工智能技术的应用也伴随着潜在的风险，如加剧传统伦理问题、产生新的风险等。这些影响为产教融合提供了新的机遇和挑战。在探索产教融合的优化路径时，我们需要充分发挥人工智能技术的积极作用，同时规避其潜在风险，这对产教融合的深化和高质量发展而言意义非凡。

1.2.5 金融学专业产教融合的相关研究综述

一些文献就金融学专业产教融合的必要性和重要意义进行了阐述。张建伟（2018）认为应以创新为引领，实现开发性金融助推深化产教融合。胡志浩（2018）提出，现在金融业在实行供给侧结构性改革，去除掉无效的金融供给，需要做的一切事情都需要人来实现，这对产教融合提出了更高的要求。吴芳芳等（2018）认为产教融合是当前高校教育体制改革的主要趋势，在地方普通本科高校向应用型转型的过程中，推广产教融合和校企合作是必由之路，高校经济金融类专业的人才培养应该从金融服务行业的视角出发，探索出新型产教融合模式。马方琳（2018）认为金融企业要想更好地运行和发展，就需要推进产教融合人才培养模式。汤镇源（2019）认为对高等院校，应按照产教融合的思路来开展教学，结合金融行业人才需求的新动向，实现人才培养与企业需求的无缝对接，培养出满足金融行业需要的专业化、国际化应用型人才。许捷等（2019）认为新时代金融业态和金融科技的发展变迁为金融高职教育带来新的挑战，高职教育发展理念和总体布局相对粗放、体制机制不够完善以及金融产业特征决定的在产教融合校企合作方面的相对保守性是金融高职教育发展不平衡不充分问题的主要原因。邓蕾（2019）认为产教融合可以有效激发高职教育办学活力，促进高职院校人才培养质量的提高。谢笑珍等（2022）认为科技金融能够通过"教育/科技－金融－产业"的互动机制与产教融合相辅相成。结合文献可以看出，很多学者都对金融学专业产教结合的必要性和重要性作出了肯定，因此，深入研究金融类专业产教融合方式有重要意义。

一些学者对金融类专业的实践教学方式展开了研究。张宇敬等（2019）认

第1章　绪　　论

为应基于 OBE 理念确定课程体系和人才培养方案，瞄准行业前沿，构建学校、基地、企业三位一体实践教学体系。陈琨等（2019）认为解决金融学科培养过程中存在的理论与实践脱节等问题，应从课程体系设置、培养模式、企业实践验收三部分搭建基于产教融合的金融科技教学体系，旨在打造贴近真实就业环境的金融科技教育平台。刘芳等（2019）针对目前金融大数据人才培养挑战和存在问题认为应从培养课程体系、培养模式、培养模式运行机制以及培养模式评价体系四个方面进行人才培养改革，从而培养具有金融大数据思维和实践能力的人才。周正义等（2019）从新时代"产教融合和校企合作"政策分析出发，论证了金融产业转型背景下高职金融管理专业的产教融合困境。吕鹰飞（2019a）探索了金融管理专业现代学徒制人才培养模式的可行性。吕鹰飞（2019b）认为在高职院校金融专业开展现代学徒制试点项目，有利于开展创新创业教育，实现金融人才培养的供给侧结构性改革。贾君怡等（2021）认为高校应着手建立交叉学科师资融合培育的长效机制，不断优化人才培养方案，着力打造跨学科的复合课程群，并积极构筑产教融合联盟。方霞等（2022）提出了"四维三元"学科交叉的金融人才培养模式，旨在解决数字时代下金融人才培养的困境问题。徐梅等（2023）构建了以 CDIO 理念（Conceive-Design-Implement Operate）为核心的项目制金融科技复合型人才培养模式。盛天翔等（2023）强调了交叉融合教学的重要性。梁艳等（2023）以政府部门、行业、企业、高校为共生单元，探讨了该视域下应用型金融科技人才培养路径。何涛等（2024）认为在现阶段金融行业数字化转型进入关键期的背景下，数字化金融人才队伍建设迫在眉睫。马海涛（2024）认为高校应深刻理解金融强国战略对金融人才建设提出的新要求，充分发挥其在高等教育中的引领作用，全面提升金融人才的自主培养质量。

大部分学者探讨了金融类专业产教融合的具体实践方式，但是当前，金融类专业产教融合面临着理论与实践结合不紧密的现状。金融教育往往侧重于理论知识的传授，而金融行业由于其高度的复杂性和服务性质的隐私化特点，加大了产教融合的难度，金融类专业产教融合的效果还没有达到预期，相关研究大多是定性分析，案例和实证研究较为少见，为了提升金融类专业产教融合的实际效果，需要加强对影响因素以及优化路径展开系统的研究。

1.2.6 文献总体评述

已有文献从产教融合的定义与内涵、产教融合的模式、高校产教融合的问题及解决对策、人工智能对高等教育的影响、金融学专业产教融合等方面展开了一系列的探讨，为金融学专业深度产教融合的推进提供了理论依据和实践指导，但已有文献还存在有待拓展之处。

（1）目前，大部分产教融合研究聚焦于高职院校，而针对本科人才培养层次和研究生培养层次的深度分析相对较少，而对于高校金融类专业产教融合的研究也就相对更加稀少。

（2）现有研究在探讨产教融合效果时，多采用定性分析方法，缺乏基于数据和统计学的实证支撑，利用先进的统计分析工具与相关的统计分析方法，以及在数据分析的基础上进行实证研究的文献还比较少。精确识别产教融合效果的关键影响因素，对于科学评估并优化产教融合模式，具有重要价值。相关研究应更加注重实证数据的收集与分析，为产教融合策略的制定提供更为精准有力的证据支持。

（3）虽然一些学者提到了金融类专业产教融合的实践方式，但多数讨论仍停留在传统框架内，未能充分融入数智转型这一新的时代背景，针对数智转型中人工智能如何具体促进金融类专业产教融合的路径及效果评估等方面的研究尚显不足。

（4）尽管文献中不乏关于产教融合路径优化的构想与课程体系优化的建议，但在金融行业对高质量、高标准人才需求日益增长的背景下，如何系统性地从体制机制层面入手，明确培养目标，优化外部环境，以促成金融类专业与产业界的深度融合，目前尚未展开系统研究。

第1章 绪 论

有鉴于此，本书以金融业和高等教育的数智转型为背景，探讨数智转型下金融类专业产教融合的影响因素和优化路径，从而为高等教育和人才培养提供一定借鉴。

1.3 技术路线和研究方法

本书拟采取理论研究与实证研究相结合、实地调研与对策研究相结合的方法对相关内容展开研究，具体研究思路参见图1-2，首先对产教融合的现状及问题进行诊断性分析，然后对其影响因素进行理论分析和实证检验，接着对数智转型下产融深度融合的内涵和路径进行探讨，最后就其质量保障体系进行相关研究。

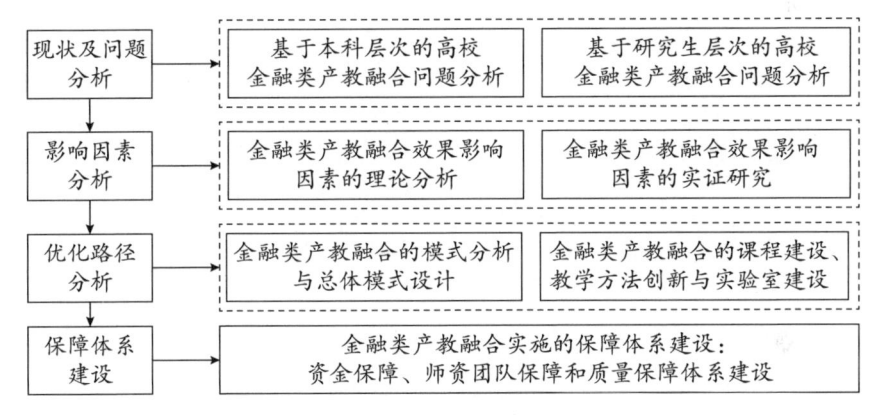

图1-2 研究思路图

本书综合运用了以下方法。

（1）政策研究法：研读各级政府制定的教育政策，按照教育部、各地教育厅关于深化产教融合的具体方针提出数智转型下高校金融类专业产教融合的优化路径。

（2）问卷调查法：在深化高校金融专业产教融合的过程中，对高校教师和学生、金融企业员工等不同对象分别进行问卷调查，收集了产教融合模式及其运行状况的一手数据。

（3）实证研究方法：在收集相关数据的基础上，运用结构方程模型等计量方法检验产教融合实施效果及其影响因素，从而揭示高校产教融合人才培养的动力机制。

（4）规范研究法：结合政策分析、文献分析、案例分析、比较研究等方法，通过规范分析，提出数智转型下金融类产教融合的优化路径和保障体系，从而为数智转型下产教融合的事实提供借鉴。

第2章 基于本科层面的高校金融类专业产教融合问题分析

尽管社会各界对产教融合人才培养模式的重要性有了较为充分的认识，然而作为产教融合人才培养的主体，高校的产教融合模式还有待创新，金融企业的实际参与度不高，政府的推动作用还应进一步加强，这些问题在一定程度上制约了基于产教融合的金融类本科人才培养效果。

2.1 高校产教融合的模式有待创新

（1）高校的金融专业人才培养重心和金融企业人才需求不匹配。目前，由于金融业的细分行业类别丰富，以及金融企业应用范围广阔，金融企业对应用型、背景复合型、多样型人才的需求日益增加，并且实践能力为其主要人才衡量标准，然而目前许多高校的金融专业把学生的学业成绩或科研论文作为主要的评优标准。学业成绩或科研论文与工作实践能力是专业知识学习的两个方面，高校金融人才的供给与金融企业的人才需求形成了结构性的供求不平衡的状况。

（2）高校金融专业的科研成果的转化率较低，部分高校的金融专业存在发表论文的数量多，面向金融企业的横向课题较少，专利发表多但专利转让出售较少的现象，这说明高校金融专业的科研与金融企业的发展需求的结合度较低、针对性较弱、没有很好地解决金融企业实际发展中的困难。

（3）高校中大学生大胆创新、勇于实践的氛围有待提高，大部分教师的教育观念仍然较传统，对学生进行实践类教育的重视程度不够，从而导致学生缺乏对金融业的关注度，缺少创新创业意识，缺乏职业素养，缺乏吃苦耐劳与合作精神，工作能力较差。难以满足金融行业数智化转型趋势下的金融创新型人才培养需求。

（4）在校企合作模式方面，地方高校的校企合作流程不规范，许多合作项目是基于教师的个人关系建立，校企合作关系期限较短且不稳定，进而导致高校频繁更换实习实训单位，并且花费较多的精力与新的单位进行对接。

（5）在高等院校内部，产教融合基地的建设需要行政管理人员审批，一些高校主要通过行政力量来推动产教融合，导致教师认为产教融合是学校管理人员和行政管理部门的事情，与其自身教学科研关系不大，一些专任教师参与产教融合人才培养的积极性不高。此外，产教融合人才培养项目需要逐级审批，审批环节较多也是导致产教融合效率不高的一个重要原因。相关研究表明，学校管理人员对地方普通本科高校转型发展、深化校企合作、加强实践教学支持程度高达90%，对培养应用型技术技能型人才、根据产业需求调整学科专业设置的支持程度超过70%，支持力度较强，如表2-1所示。教师的产教融合的精力投入处于中等偏上水平，多数学校管理人员和学生认为教师的产教融合动力处于下等水平和中等偏下水平（陈星，2020），如表2-2所示。

表2-1 应用型高校学校管理人员产教融合动力情况一览

单位：%

	指标	A	B	C	D	E
学校管理人员自评	地方普通本科高校转型发展	53.7	43.1	3.2	0	0
	培养应用型技术技能型人才	38.1	42.2	2.8	8.6	9.6
	深化校企合作	57.6	40.6	1.8	0	0
	根据产业需求调整学科专业设置	37.6	37.3	7.5	11.9	5.7
	侧重应用研究	11.8	47.8	20.3	13.2	6.9
	加强实践教学	43.9	47.5	5.8	2.8	0
	精力投入	8.9	48.6	23.1	16.7	2.7

第2章 基于本科层面的高校金融类专业产教融合问题分析

表2-1（续）

	指标	A	B	C	D	E
教师评价	学校管理人员的产教融合动力	17.6	33.5	34.7	16.4	2.3
学生评价	学校管理人员的产教融合动力	17.8	35.4	26.7	19.2	0.9

注：A~E分别代表：非常支持，非常充足；比较支持，比较充足；中立，一般；比较反对，不太充足；非常反对，非常不足。

资料来源于《应用型高校产教融合动力研究》（陈星，2020）。

表2-2 应用型高校教师的产教融合动力情况一览

单位：%

	指标	A	B	C	D	E
教师自评	地方普通本科高校转型发展	37.8	50.8	2.6	2.1	6.7
	培养应用型技术技能型人才	11.4	36.5	3.4	33.1	15.6
	校企联合培养人才	43.9	46.3	2.7	7.1	0
	根据产业需求调整学科专业设置	22.3	32.6	1.7	38.1	5.3
	侧重应用研究	10.7	22.1	8.5	38.9	19.8
	加强实践教学	40.9	37.7	6.4	13.2	1.8
	精力投入	6.7	38.6	43.1	11.6	0
学校管理人员评价	教师的产教融合动力	1.9	9.6	18.9	38.9	30.7
学生评价	教师的产教融合动力	1.1	13.2	33.1	40.3	12.3

注：A~E分别代表：非常支持，非常充足；比较支持，比较充足；中立，一般；比较反对，不太充足；非常反对，非常不足。

资料来源于《应用型高校产教融合动力研究》（陈星，2020）。

2.2 企业参与产教融合的动力有待提升

（1）企业参与产教融合的交易成本较高。目前我国尚未建立本科人才培养层次的产教融合第三方评价机制和产教融合质量公开报告制度，企业参与校企合作的搜寻和信息成本相对较高。在决策成本方面，就产教融合而言，企业在确定潜在合作学校,并就有关合作条件与学校达成一致意见后,还需在企业内部达成一致意见,这需要经过一个较复杂的流程,会消耗企业高管人员的时间和精力,并且有可能无法达成一致意见而使合作方案流产。此外,在校企合作合约签订后,校企双方必须按照合约条款履行合约规定的义务。但在信息不对称和有限理性的前提下,合作学校存在机会主义行为。为确保合作的正常进行,实现合作的预期目的,保护自身利益不受侵犯,企业需要付出一定的监督成本。

(2)企业参与产教融合的收益难以保障。企业与高校合作进行产教融合的人才培养,一方面是履行社会责任的需要,另一方面也有为企业培养后备人才的需要。金融专业理论知识的教育与金融机构的联系非常紧密,高等院校处于金融专业人才"产业链"的"生产"环节,而金融处于"消费"与"应用"环节,由于存在市场的外部性,金融企业存在着被"挖人"的风险和搭便车的现象。参与产教融合的金融机构需要花费较多的时间成本和人力、物力、财力的投入,在择业自由的市场机制下,金融机构即使与学生之间签订了相关协议,然而当前的信任承诺机制尚不完善,在产教融合人才培养周期完成后,学生有很大可能进入其他单位工作,校企合作单位留住优秀人才的保障机制不健全,而没有付出培养成本的其他企业却可以通过多种途径"获取"产教融合的人才培养成果。

(3)在产教融合的实施进程中,校企双方的合作基础较为薄弱。校企双方具有本质差异,且其相互需求难以匹配。企业的核心目标是追求利润,而学校则以育人为己任,彰显了教育公益性的特质。这种逐利性与公益性的冲突,构成了校企合作的根本难题。金融机构更倾向于寻求成本优化,挖掘并吸纳合适的人才,以将其利润最大化。相较之下,学校教育则更注重学生的全面发展与成长。同时,由于缺乏稳定且有效的校企合作机制,金融学专业产教融合的推进步伐受到了阻碍,这种情况进一步导致双方在人才培养方案优化、课程设置、责任划分等方面不能形成精细化和科学化的执行方案。

2.3 政府协同推进的力度有待加强

2.3.1 产教融合过程中的政府职能需进一步发挥

（1）政府作为"中介润滑剂"的作用有待提高。政府作为产教融合的引导部门，应在企业与高校产教融合的过程中发挥整体指导与统筹协调的作用，但目前一些地方政府存在校企合作联结职能发挥不充分的现象，导致高校与企业未建立有效的校企沟通渠道，学生实习实训的平台运行不畅通，政府、企业、学校作为产教融合的三大支柱，合作的紧密程度有待提高。

（2）政府对产教融合主体的监督力度有待提高，目前，政府监管职能不完善，主动参与校企融合的企业数量较少，即便是参与校企融合的企业，其校企融合的参与深度不够，企业陷入了认为其在校企融合中付出与回报不对等的误区，高校在对接企业方面获得的政府支持较少，而企业在对接高校的过程中存在"走程序""应付式"的现象，校企合作不到位，大多数合作的内容简单，层次不深，缺乏整体规划。

2.3.2 产教融合政策实施乏力

国家和地方层面均已出台产教融合政策，鼓励金融机构积极参与高校产教融合平台的建设和人才培养。然而，各类政策的宏观指引作用较充分，但是具体的激励政策和配套措施有待完善，操作性和针对性不强，相关法律法规对企业的权责界定还有待清晰，融合价值观及专业规范不够充分，文化氛围也有待加强，如表2-3所示。

表2-3 产教融合制度建设困境

序号	问题归纳	具体问题
1	政策文件的操作性和针对性不强	关于产教融合的评价，上面的要求还不具体，教委和科委对产教融合的条块分割管理
2	融合价值观及专业规范不够充分	一些企业的价值观是让高校帮其打工，行业协会发展一般，作用较少

表2-3（续）

序号	问题归纳	具体问题
3	融合的文化氛围不强	希望往应用型研究走，学校在给教师评职称时主要看纵向科研成果，导致教师们协同企业开展应用型科研的氛围不够浓厚
4	融合的激励机制与制度不健全	已有政策还未能全面顾及，会被卡在特定政策规定上，不利于激励企业参与，企业认为获益少，积极性不高，高校感受到的直接激励较少

资料来源：《地方本科院校产教融合制度建设困境的审视与纾解——组织社会学新制度主义的视角》（肖纲领 等，2023）。

虽然产教融合可以在长期上为金融机构输送较优秀的员工，提高金融企业的美誉度，但是金融机构在短期内难以获得经济利益，且参与产教融合还需要投入一定的人力、物力和财力。产教融合相关政策对产教融合的税收减免、财政补贴等没有明确的规定。地方层面的政策大多参照国家层面的相关文件，对各地的经济金融、高等教育的特殊情况没有充分考虑，导致地方层面政策的针对性不强。此外，产教融合的相关激励政策对行业协会的激励也还不完善，没有赋予行业协会相应的权利和职责，不利于充分调动各方的积极性参与产教融合人才培养。

2.4 本章小结

产教融合人才培养模式虽受社会各界重视，但仍面临多重挑战。对于参与的主体，如高校、企业和政府相关部门，均存在各种各样的问题需要解决。为完善高校产教融合人才培养模式，须从高校、企业和政府三方面入手，通过创新模式、提升动力、加强协同等措施，才能就更好地满足金融行业数智化转型下的人才需求。

第3章 基于研究生层面的高校金融类专业产教融合问题分析

在当今快速发展的经济社会中，金融学作为应用性和实践性较强的学科，其硕士培养质量直接关系到金融行业的发展与创新。然而，从产教融合视角来看，当前金融类研究生培养仍存在一系列问题，这些问题主要体现在多主体协同机制不健全、跨学科协调模式不完善、研究生培养滞后于行业实际需求以及基于协同理念的激励和评价体系不健全等方面。

3.1 多主体协同机制不健全

产教融合，作为一种推动知识创新、技术转化和产业升级的有效模式，其核心在于高校与多主体、多要素的深度融合与互动。然而，在当前的金融类研究生培养体系中，多主体协同机制尚未健全，这在一定程度上影响了金融类研究生培养效果。

3.1.1 实践与理论的脱节导致协同机制不健全

高校是人才培养的摇篮，其使命不仅是传授知识，更重要的是培养研究生的实践能力和创新精神。然而，在金融类研究生的培养过程中，高校与金融行业的联系不紧密，缺乏有效的合作机制和平台。在人才培养过程中，还存在"闭门造车"的现象，导致学生在校期间难以接触到实际的金融业务和行业前沿，研究生的视野难以突破书本和课堂，在真正理解和应对复杂多变的金融市场等方面还存在欠缺。

这种实践与理论的脱节，不仅影响了金融类研究生实践能力的提升，也制约其创新能力的发展。金融学是一门实践性较强的学科，没有与金融行业的紧密互动，研究生很难将所学知识转化为解决实际问题的综合能力。此外，金融企业的实践经验、案例和数据是金融学研究的重要资源，缺乏与行业的合作，也意味着人才培养难以得到数据、案例的有效支撑。

3.1.2 多元主体合作动力不足导致协同效应发挥不充分

在金融类研究生的培养过程中，政府、高校和金融企业等多元主体本应形成一股合力，共同推动金融类研究生产教融合人才培养模式的创新。然而，政府、高校、企业和其他协同创新主体的合作动力不足，导致协同作用未能充分发挥。

政府在金融类研究生培养中的角色不可或缺，政府可通过制定相关政策，引导和支持高校与金融企业的合作，推动金融类研究生培养模式的改革和创新。然而，当前政府在这方面的政策引导不足，实质性支持效果不佳，这在一定程度上导致高校和金融企业在合作时缺乏明确的政策导向和资金支持，较难形成长期稳定的产教融合培养体系。高校与金融企业之间的合作也相对较少。高校作为高层次金融人才培养和科学研究的重要基地，其研究成果往往具有较强的前瞻性和创新性。金融企业则拥有更加专业的研究团队和更加深入的研究领域。然而由于缺乏有效的合作机制和平台，其研究的特点不一致，导致合作研究存在难以逾越的障碍。与此同时，高校和企业原有的管理机制不同，校企团队深度融合不足，高校与金融企业以分散的项目合作为主，深度融合的合作形式不多。

多主体协同机制的不健全是当前在金融类研究生产教融合人才培养中存在的一个较突出的问题。高校与金融企业的协同不足，政府、高校和研究机构等多元主体之间的协同缺失，都严重制约了金融类研究生教育的质量和效果。

3.2 跨学科协调模式不健全

数智转型趋势下,金融行业对具备人工智能、计算机科学、大数据分析专业背景的人才需求与日俱增。在此趋势下,对研究生培养要注重学科交叉,可将金融专业与计算机、人工智能等专业的知识和技能交叉融合,形成跨学科协调模式。然而,在当前产教融合人才实践中,跨学科协调模式不健全,存在"懂金融的不懂人工智能""懂人工智能的不懂金融"等现象,已成为制约产教融合人才培养水平提高的因素之一。

3.2.1 课程设置缺乏跨学科性

金融类研究生的课程设置是人才培养的基石,其合理性与多样性直接关系到学生的知识结构和综合能力。然而,遗憾的是,当前的金融类研究生课程设置较单一,缺乏与其他学科的深度交叉融合。当今以人工智能为代表的金融科技快速发展,各大金融机构均加大了对金融科技研发的投入,部分金融企业对金融科技的投入情况如表3-1所示。一些高校课程设置比较单一,不能适应金融企业和金融监管科技化的需要,限制了学生的知识视野,也不能有效培养其应对复杂金融问题和挑战的能力。

表3-1 金融企业对金融科技的投入情况

证券公司	2022年 资金投入/亿元	占比/%	2021年 资金投入/亿元	占比/%
华泰证券	27.24	12.98	22.28	5.87
海通证券	14.79	7.05	11.76	2.72
国泰君安	17.99	8.57	15.40	3.59
中金公司	19.06	9.08	13.16	4.36

注:数据来源于WIND数据库,占比是投入资金占总营业收入的占比。

在数字经济和金融科技快速发展背景下,金融类研究生培养需要加强与经济学、管理学、数学、统计学、计算机科学等多个学科紧密相连。例如，在"金融风险管理"课程中，需要运用统计学和计算机科学的知识来进行数据分析和模型构建；在"公司金融"课程中，则需要借鉴管理学和战略学的理论来进行分析和决策。然而，如果于课程设置较单一，学生往往无法系统地学习和掌握这些跨学科的知识和技能，导致其在面对实际问题时显得力不从心。

3.2.2 教学方法和手段缺乏创新

教学方法和手段是连接知识与学生的桥梁，其创新与否直接影响到学生的学习效果和创新能力的发展。然而，在当前的金融类研究生产教融合教学过程中，教学方法和手段创新还难以有效支撑产教融合人才培养，与产教融合相匹配的跨学科教学方法和手段创新还较为缺乏。

近年来，专硕招生规模大幅增长（图3-1），而教学和培养过程中，仍然以传统的讲授为主。传统的金融学教学往往注重理论知识的传授，而忽视了对学生实践能力和创新能力的培养。在这种教学模式下，学生往往被动地接受知识，缺乏主动思考和探索的机会。跨学科的教学方法和手段则能够打破这种局限，

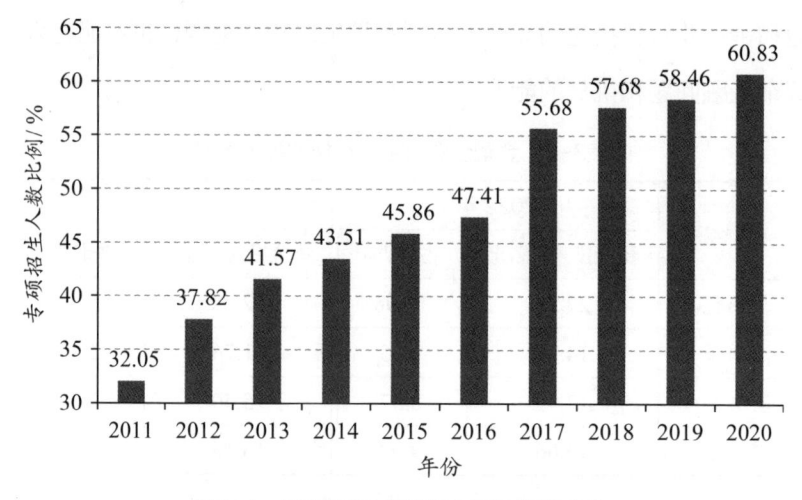

图3-1 近年来硕士研究生招生专硕占比

注：根据教育部公布的"分学科研究生数（总计）"进行统计。

通过引入其他学科的知识和方法，来拓宽学生的思维视野和激发其创新潜能。例如，通过案例分析、模拟实验、跨学科研讨等方式，可以让学生更加深入地理解和应用所学知识，同时也能够培养其分析问题和解决问题的能力。

由于产教融合过程中跨学科教学方法和手段的创新不足，学生往往无法充分体验到教学模式创新带来的益处，这不仅限制了学生的思维视野和创新能力的发展，也影响了其对金融学的深入理解和应用。

3.3 研究生培养滞后于行业实际需求

金融行业的发展日新月异，金融监管水平不断提升，然而，在产教融合实践中，当前金融类研究生培养体系却面临着滞后于行业实际需求的困境，这给金融类研究生的教育质量和学生的就业前景带来了比较严峻的挑战。

3.3.1 课程内容与行业需求的匹配度有待提升

金融类研究生的课程内容是连接学生与行业需求的桥梁，其设置是否合理直接关系到学生毕业后能否迅速适应并胜任金融行业的工作。金融科技的迅猛发展已经深刻改变了金融行业的面貌，大数据、人工智能、区块链等技术的应用正在成为金融行业的新常态。然而，由于课程内容更新的滞后，学生往往难以在学校接触到这些前沿知识，导致其在就业市场上竞争力不足。由于金融机构的主要目标是服务客户、创造利润、控制风险，其在产教融合过程中，面向研究生开发课程的动力和精力均有限，这也导致课程内容难以跟上金融行业的实际需求。

3.3.2 实践教学环节较薄弱

实践教学是提升金融类研究生实践能力和创新能力的重要环节，也是联结金融行业理论与实际的纽带。然而，在当前的金融类研究生产教融合培养环节，深度合作的实践教学往往流于形式，由于金融行业信息敏感度高、业务风险较大等原因，金融类研究生难以实质性参与金融企业的项目，有组织的实习较为少见。同时，在产教融合环节，受限于资金和资源投入，参与方难以为金融研究生提供丰富的实践教学资源，如实验室和模拟交易平台等。由于实践教学环节较薄弱，金融类研究生难以积累足够的实践经验，不能较好地将所学知识转化为解决实际问题的能力。

3.3.3 对行业动态和趋势的敏锐度不足

高校和教师在制定培养方案或产教融合培养计划时，往往缺乏对金融行业动态和趋势的深入研究和敏锐洞察，这导致培养出的学生难以适应快速变化的金融市场需求，不能及时把握行业发展的新机遇。此外，由于缺乏对行业动态和趋势的深入了解，高校和教师也难以为学生提供有效的职业规划和就业指导，导致学生在就业市场上的竞争力难以提升。

3.4 基于产教融合的激励和评价体系不健全

产教融合作为推动金融类研究生培养质量提升的重要途径，其核心理念在于通过校企等多方主体的深度合作与资源共享，共同应对金融业数智转型的复杂挑战。然而，这一理念的有效实施需要建立一套完善的激励和评价体系来保障参与主体的积极性和持续性。在当前金融类研究生产教融合培养体系中，基于产教融合的激励和评价体系尚不健全，这也是制约产教融合培养效果进一步发挥的因素之一。

3.4.1 协同创新的激励机制不足

激励机制是驱动各方主体积极参与协同创新活动的关键。然而，在当前的金融类研究生产教融合培养过程中，对积极参与产教融合和协同创新活动的学生、教师、企业以及其他主体，缺乏有效的激励机制。这种激励机制的不足，直接导致了各参与主体在协同创新方面的积极性和动力不足。

第3章 基于研究生层面的高校金融类专业产教融合问题分析

对于学生而言，金融类研究生往往面临着繁重的学业压力和就业压力，大多数高校的金融硕士在1年的时间内需要修满40个左右的学分，而参与协同创新活动往往需要付出额外的时间和精力。如果没有足够的激励机制来支撑他们的付出，他们很难有动力去积极参与。同样，对于教师而言，指导学生参加产教融合的研发活动，和目前科研成果评价标准和职称评级导向也有不一致的情形。当前的激励机制往往侧重于学术成果和理论知识，而对于协同创新活动的贡献则缺乏足够的认可和奖励。对企业而言，参与产教融合人才培养的活动在一定程度上会分散其精力，在短期内难以获得经济回报，因而缺乏内在的动力参与产教融合。

3.4.2 协同创新的评价体系不完善

评价体系是衡量金融类研究生培养质量的重要标尺，在产教融合培养体系下，当前的金融类研究生评价体系往往侧重于学术成果和理论知识，而对于学生的实践能力、创新能力和团队协作能力等方面评价不足，比如大多数学生在撰写毕业论文时仍以传统的学术论文为主，较少对案例开展研究，这导致学生在毕业后难以迅速适应并胜任金融行业的工作，也无法有效地参与到协同创新活动中去。这种评价体系的不完善，不仅无法全面反映学生的综合素质和能力，也不利于协同创新理念在金融类研究生产教融合培养中的贯彻落实。

3.4.3 产教融合的效果反馈机制缺失

产教融合是一个持续不断的过程，其效果的实现需要建立相应的反馈机制来及时发现问题并不断改进。在当前的金融类研究生产教融合培养过程中，缺乏有效的反馈机制来保障协同创新的持续改进和优化。反馈机制是产教融合过程中不可或缺的一环，它能够帮助各参与主体及时了解产教融合和协同创新活动的进展情况和存在的问题，以便及时调整和优化培养方案。在产教融合实施过程中，相关评价主体不明确，对产教融合人才培养的效果没有进行动态跟踪。高校自身对校外实习基地等产教融合平台的考核大多没有实质性开展，这就在一定程度上造成了产教融合效果反馈机制的缺失。

3.5 本章小结

在产教融合人才培养模式的实施过程中，存在多主体协同机制不健全、跨学科协调模式不完善、研究生培养滞后于行业实际需求以及激励和评价体系不健全等问题。为了解决这些问题，需要高校、金融企业、政府等多元主体共同努力，建立有效的协同机制，创新教学方法和手段，加强实践教学环节，建立完善的激励和评价体系，并注重反馈机制的建立和优化，才能培养出适应金融行业发展需求、具有创新能力和实践能力的高级金融人才。

第4章 金融类专业产教融合效果影响因素理论分析

金融类产教融合人才培养模式牵涉到多方主体,其培养效果受到一系列因素的影响,本章从耦合效应、主体内部效应以及外部效应三个方面对金融类专业产教融合效果影响因素进行理论分析。

4.1 耦合效应的影响

4.1.1 双主体耦合效应

产教融合实际上是一个开放的系统。面对竞争日益激烈的金融市场环境,高等院校金融专业人才的培养不能闭门造车,所培养的人才要与市场需求相契合。市场金融人才需求的演变要求高等院校金融专业转变教育观念、调整专业设置、制订新的教学计划,积极与金融机构合作,从而培养出社会所需要的新时代金融人才。随着智能投顾、量化交易等金融科技的进步和数智金融的发展,金融机构也需要符合时代背景需求的专业金融人才,这在一定程度上增强了金融企业进行产教融合的动力。因此,金融类专业产教融合人才培养效果的基础条件是实现高等院校和金融企业的双主体耦合。

人才培养过程中高校和企业的耦合效应是一种互利共赢的合作关系,通过资源共享、优势互补、协同育人和产学研深度融合等方式,共同提升人才培养的质量和效益,推动区域经济发展和社会进步。高校负责培养符合社会需求的金融人才,而金融机构则凭借敏锐的市场洞察力,为学生提供实践机会。高校根据金融机构与市场需求，适时调整专业设置、教学计划与课程内容，确保教育与市场需求紧密契合。此外，金融机构还为高校提供了优质的实践环境与人才培养建议，增强了学校的办学实力与吸引力，进一步推动了产教融合的良性循环，因此高校和金融企业的双主体耦合效应是影响产教融合效果的重要因素。

4.1.2 多主体耦合效应

在高校和企业双主体基础上，政府政策扶持及法律保障与校企合作的耦合也是影响产教融合效果的因素。其一，政府可以制定产教深度融合的激励和保障机制，制定相关法律为产教融合发展创造有序环境，从而使高校以及金融机构全身心地投入产教融合人才培养中，形成政府管理部门、高校和金融企业联动协同的多主体耦合效应。其二，政府可以为产教融合人才培养提供所需的运营经费，并建立相应的监督机制，保障资金合理高效使用。其三，政府相关部门可从宏观层面把握产教融合的发展动态，通过顶层设计为产教融合人才培养创造良好的环境，形成金融人才培养的生态系统，增强多主体耦合效应。

4.2 主体内部效应的影响

4.2.1 高等院校影响因素

首先，高等院校作为产教融合的实施主体之一，是保证和落实培养质量的最核心要素。实施产教融合，不仅可以帮助深化教育教学改革，提升人才培养质量，推动学校招生工作，改善提升高等学校的师资力量和实训条件，减缓人才培养成本压力，提升学校的知名度和影响力，也能反过来继续推进产教融合。其次，产教融合成功的关键是教师，尤其是"双师型"教师。要提高产教融合项目的成效性，需要考虑校企合作类型、项目动力、激励情况、师资配备和培养方式等影响因素，重点考虑各影响因素组合形成的整体性关系即组态效应。高等院校金融专业教师的自身的实践技能以及是否清楚企业真实的工作要求是学生是否能适应产教融合实践的前提条件。在金融业数智化转型趋势下，教师

第4章 金融类专业产教融合效果影响因素理论分析

对新兴技术的理解和应用能力对产教融合成效有重要影响。同时，在数智转型趋势下，高等院校的实习实训要求发生了变化，实习实训的仿真要求提高，通过实习实训，不仅要求学生掌握真实业务场景下的业务技能，还要求学生具备复杂商业环境下的谈判、决策等高阶技能，这就要求高等院校运用元宇宙、人工智能等新技术优化和改善实习实训条件，从而提升产教融合的人才培养效果。

4.2.2 企业影响因素

首先是企业产教融合成本。对企业而言，参加产教融合的交易成本是影响产教融合推进的重要因素。由于有限理性的存在，企业不能预知产教融合推进过程中的收益及不可预料的事件，在外部风险较大、存贷款利差减少、金融市场竞争加剧等不利条件下，金融企业对产教融合、校企合作可能保持谨慎的态度。同时，高校与企业之间也存在信息不对称现象，高校可能存在逆向选择和机会主义行为，这也可能影响产教融合的推进。其次是企业社会责任。随着我国社会主义市场经济的不断发展以及金融企业经营管理水平的提高，环境、社会和公司治理（Environmental、Social and Governance，ESG）等企业社会责任的履行情况得到越来越多的关注。金融企业参与人才培养也是其履行社会责任的重要方式，也是为金融强国建设输送人才的内在要求。当金融企业履行社会责任意识较强时，产教融合人才培养模式更容易构建，能更好地发挥人才培养作用。而当金融企业履行社会责任的意识较低时，金融人才的培养难以通过产教融合实现。最后是企业参与人员的专业素养。产教融合人才培养的顺利推进，不仅需要高校提供师资力量，还需要金融企业等合作方派出业务专家、管理人员共同指导学生。通过企业指导老师和高校教师的共同指导，才能发挥协同育人的功效。

4.3 外部效应的影响

4.3.1 宏观教育政策对产教融合的影响

国家宏观教育政策是产教融合最直接的指导纲领。中央、地方政府颁布的产教融合法律法规，以及具体的实施制度是影响高等院校教育产教融合的重要外部环境。相关政策可以引导相关行业协会制定行业标准、质量认证体系，这些也会潜移默化地影响高等院校产教融合发展方向，对协同创新和人才培养起着重要推动作用。政府作为产教融合政策的制定者和引导者，其推动和引导作用在深化人才培养模式、培养适应企业转型升级需要的高素质的金融专业人才、满足产业发展需要、促进就业和经济发展以及提升促进金融强国建设和经济社会高质量发展等方面发挥至关重要的作用。

4.3.2 区域经济发展及市场竞争的影响

区域经济环境发展水平高低和经济引领政策的不同，对高等教育产教融合的开展效果有着重要的影响。一般来说，区域经济欠发达地区产教融合面临资金不足等方面的窘境，地方政府财政预算不能安排较多资金给予企业"金融＋财政＋土地＋信用＋税收"的支持。在区域经济发展水平高的地区，产教融合型企业参与热情更高，技术创新能力更强，发展规模更大，高等院校在产教融合过程中能够与企业进行更为深层的合作，取得更好的融合效果。

4.3.3 社会文化环境的影响

社会文化环境影响和制约着人们的消费观念及需求欲望，在影响高等教育产教融合的诸多因素中最复杂、最深刻、最重要，主要表现在特色文化、社会认同两个方面。影响高等教育产教融合实施的关键因素，不仅有高等教育的主管部门，而且有高等教育行政管理领导、行业产业界的负责人的认可度，还有他们对产教融合的动力及信心。社会文化中的教育理念，如注重实践、强调创新等，会引导高等院校更加注重与金融企业实际需求的结合，推动产教融合向更深层次发展。此外，金融行业本身受社会文化的影响，其运行是一个文化演化系统（Akay et al., 2021）。目前，为促进金融高质量发展，应积极培育中国特色金融文化，并体现为"诚实守信、不逾越底线；以义取利，不唯利是图；稳健审慎，不急功近利；守正创新，不脱实向虚；依法合规，不胡作非为"。社会文化环境对金融行业环境产生直接影响，进而对产教融合人才培养产生间接影响。

4.3.4 家长支持力度的影响

家长对学生到企业实习和实训的支持力度也是影响产教融合推进的因素之一。一方面，家长希望学生通过产教融合来提升适应社会的能力，同时也可以帮助其积累专业技能以及工作经验，为就业打下较好的基础。另一方面，家长对学生参加实习实训活动也可能产生一定的阻力，例如，学生在实习过程中，少数家长不愿意让学生接受磨炼，对学生反映的实习过程中的"吃苦受累"感到不满或紧张。

4.4 本章小结

产教融合是一个开放的系统，其实施和运行受多重因素的影响。高等院校应与金融机构紧密合作，共同应对市场需求的变化，这就使得产教融合受多主体耦合效应的影响。同时政府是产教融合人才培养的重要推动者，因此，高校、企业和政府的多方耦合效应对产教融合人才培养也有重要影响。作为产教融合人才培养的实施主体，高校和企业所产生的内部效应是产教融合效果发挥的关键，而相关政策、经济发展、社会文化、家长支持等外部效应是影响产教融合人才培养效果的重要因素。

第5章　数智转型下高校金融类专业产教融合影响因素检验

5.1　影响因子预设及理论模型框架构建

本章运用结构方程模型实证检验高等院校金融专业产教融合的影响因素，为高校产教深度融合提供依据。通过借鉴相关研究结论与方法，在文献综述、问题分析和理论研究的基础上，可认为金融类专业深化"产教融合"是通过教育、产业、政府、社会环境等高校内外的多因素交互作用而实现。因此，产教融合受到高校内、外部因素共同影响。为验证产教融合效果的影响因素，本章按以下主要步骤对产教融合影响因素进行实证检验。

（1）采用主成分因子分析法对产教融合效果影响因素进行进一步的划分，预期假设因子为：主体内部效应 F_1、耦合效应 F_2 以及外部环境效应 F_3，其中主体内部效应主要指培养单位的基本情况，耦合效应体现了各培养主体之间的协同程度，外部环境效应是指政策等外部因素对产教融合效果的影响，如表5-1所示。

（2）对主体内部效应 F_1、耦合效应 F_2 以及外部环境效应 F_3 进行细化，形成可观测变量。

（3）从金融类专业产教融合平台建设 Y_1 和产教融合平台发展 Y_2 两方面度量高校产教融合的效果，并设计相关问卷对产教融合的效果进行测度。其中产教融合平台建设因子着重测度高校与企业共同建设产教融合平台的情况，产教融合平台发展因子测度产教融合人才培养活动的效果。

表5-1 高校金融类专业产教融合影响因素

一级指标	二级指标	影响因素	影响过程
主体内部效应 F_1	x_1	产教融合意识	一定的产教融合意识能有效推进产教融合实施
	x_2	社会实践能力	高校师生有良好的社会实践能力
	x_3	产品研发能力	学校拥有较强的科研能力，能够将科研成果转化为企业产品，提高企业效益
	x_4	金融行业优质资源	学校拥有较丰富的金融行业资源
	x_5	教师技能与领导能力	教师在应用技能与实践指导方面的能力，以及组织实施产教融合人才培养过程中的领导能力
耦合效应 F_2	x_6	制度耦合	学校制度与企业制度不冲突，且鼓励交流合作
	x_7	金融知识与技术耦合	金融知识与技术耦合便于金融人才为企业创造效益
	x_8	合作经历耦合	合作交流可以推进校企的高效合作
	x_9	交流方式	建立全方位校企交流方式将推进产教融合
	x_{10}	文化信仰	高校校园文化与企业文化信仰的耦合
外部环境效应 F_3	x_{11}	政府支持力度	政府扶持力度的是推进校企合作的动力
	x_{12}	市场竞争力度	市场竞争力度影响企业参与产教融合的意愿
	x_{13}	金融机构发展规模	金融机构发展规模是校企合作的重要保障
	x_{14}	政策支持强度	政策的实施是实现深化产教融合的基础

（4）收集产教融合运行的数据，构建结构方程模型，如图5-1所示。在实证检验的基础上优化模型，并基于实证检验结果，得到高校金融专业产教融合效果的关键影响因素。

5.2 量表设计与数据来源

根据上述预设的三大因子、产教融合建设度量指标和产教融合发展度量指标，本课题设计量表，并于2022年4月至12月通过网络平台收集问卷数据，调研对象包括高校的学生、教师及参与产教融合的企业员工等。为确保实证模型的拟合优度，预先对数据进行探索性因子分析，在剔除无效问题、无效数据后，最终得到有效数据251份。具体问卷设计如表5-2所示。

第5章　数智转型下高校金融类专业产教融合影响因素检验

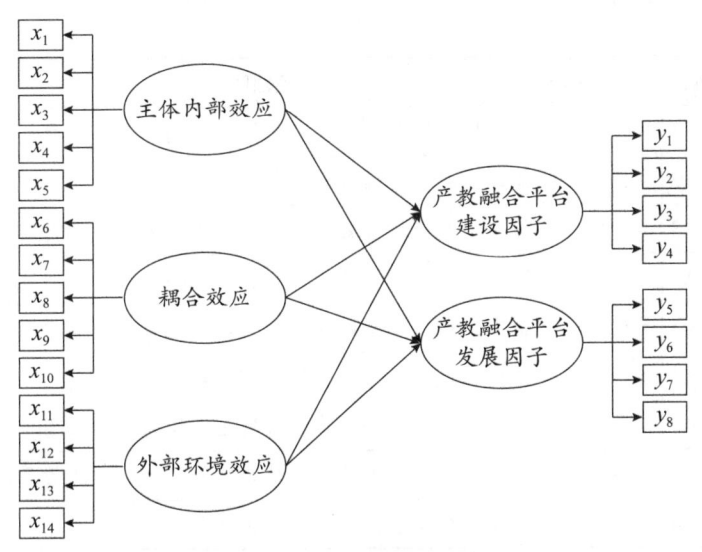

图5-1　SEM 结构方程图

表5-2　问卷量表设计

构面	代码	测量题项
Y_1	Q5_A1	产教融合平台建设对您所在的学校/企业培养学生、储备人才很有帮助
	Q5_A2	您所在的学校/企业开展了丰富的产教融合项目
	Q5_A3	您所在的单位参与校企实习实训基地的建设
	Q5_A4	您所在的单位投入了较多的资源参与实习实训基地建设
Y_1	Q6_A1	您所在院校/企业所参与的产教融合已经具有一定的规模和良好的模式
	Q6_A2	当前产教融合对金融人才培养产生了良好的效果
	Q6_A3	您所在的学校/企业积极推动产教融合深度发展
	Q6_A4	您认为当前产教融合成果能推动产教融合的进一步发展
F_1	Q7_A1	学校和企业开展产教融合项目非常重要
	Q7_A2	学校组织的社会实践活动能培养学生的社会实践能力和职业竞争力
	Q7_A3	校企合作基地建设中，学校的科研课题和金融企业实际问题紧密结合
	Q7_A4	校企合作基地建设中，学校科研成果为金融企业创造了经济利益
	Q7_A5	您所在的学校/企业有丰富的金融行业优质资源
	Q7_A6	学校的金融行业资源能对校企合作项目有较强的推动作用
	Q7_A7	学校教师给予了学生充分的应用技能的指导

表5-2（续）

构面	代码	测量题项
F_2	Q8_A1	学校对学生的管理制度与金融企业员工管理制度有冲突之处
	Q8_A2	在校生所学知识能够运用到金融企业实习岗位
	Q8_A3	学生实习过程中，学校和金融企业就实习内容有较多的交流
	Q8_A4	行业协会协调校企关系，化解校企合作中所存在的矛盾冲突
	Q8_A5	学生实习过程中，可以很好地接受和融入所在金融企业的企业文化
F_3	Q9_A1	当地政府政策推动校企合作的效果非常明显
	Q9_A2	金融市场竞争越激烈，金融机构参与校企合作的热情越高
	Q9_A3	金融机构的规模越大、实力越强，校企合作培养人才的效果越好
	Q9_A4	"新冠"肺炎疫情影响了校企合作的正常开展

5.3 量表数据信效度分析

为保证数据结果的可靠性，采用SPSS 26.0统计分析软件对量表进行信度分析，以Cronbach's α系数来检验量表的内部一致性。检验结果显示，Cronbach's α系数为0.893，说明量表的内部一致性较高，通过了信度检验。

（1）KMO检验和Bartlett球形检验。KMO值为0.925＞0.7，Bartlett球形检验卡方值为3 490.706，p值0.000＜0.001，说明可以进一步做因子分析。

（2）因子载荷矩阵与方差贡献率。采用主成分分析法进行探索性因子分析，共提取出5个公因子，且5个因子旋转载荷平方和的累计百分率＞60%，说明能够充分反映原始数据。通过旋转法提取共同因子，因子组成与原预设基本一致，说明原预设的公因子具有较好的结构效度。因子分析结果如表5-3所示。

表5-3 总方差解释

成分	初始特征值			提取载荷平方和			旋转载荷平方和		
	总计	方差/%	累计/%	总计	方差/%	累计/%	总计	方差/%	累计/%
1	9.155	39.806	39.806	9.155	39.806	39.806	4.422	19.226	19.226
2	2.81	12.219	52.025	2.81	12.219	52.025	3.611	15.701	34.927

第5章 数智转型下高校金融类专业产教融合影响因素检验

表5-3（续）

成分	初始特征值 总计	初始特征值 方差/%	初始特征值 累计/%	提取载荷平方和 总计	提取载荷平方和 方差/%	提取载荷平方和 累计/%	旋转载荷平方和 总计	旋转载荷平方和 方差/%	旋转载荷平方和 累计/%
3	1.887	8.205	60.23	1.887	8.205	60.23	2.923	12.711	47.638
4	1.296	5.633	65.863	1.296	5.633	65.863	2.891	12.568	60.206
5	1.072	4.66	70.523	1.072	4.66	70.523	2.373	10.319	70.525

注：为节省篇幅，该表报告初始特征值大于1的成分及其相关指标。

（3）各因子的Cronbach's α系数检验结果以及因子命名如表5-4所示。所有因子的组成信度介于0.76~0.86（值大于0.6），说明每个因子的题项之间具有一致性。

表5-4 各因子的Cronbach's α系数

概念	测量题项	Cronbach's α
内部主体效应	Q7_A1、Q7_A2、Q7_A3、Q7_A4、Q7_A5、Q7_A6、Q7_A7	0.818
耦合效应	Q8_A1、Q8_A2、Q8_A3、Q8_A4、Q8_A5	0.765
外部环境效应	Q9_A1、Q9_A2、Q9_A3、Q9_A4、	0.868
平台建设因子	Q5_A1、Q5_A2、Q5_A3	0.859
平台发展因子	Q6_A1、Q6_A2、Q6_A3、Q6_A4、	0.764

5.4 结构方程模型分析

（1）结构效度分析。由表5-5可知，CMIN/DF的值为1.4，小于3，适配理想。RMSEA的值为0.04，小于0.05，统计指标符合建模要求。GFI为0.904，大于0.9，统计指标较好。CFI为0.974，大于0.9，适配理想。综合来看，主体内部效应、耦合效应和外部环境效应等因子的模型适配良好。

表5-5 模型拟合结果

拟合指标	指标值	拟合情况
CMIN（卡方值）	309.497	
DF（自由度）	221	
P（绝对拟合指数）	0.000	
CMIN/DF	1.400	＜3 可接受
GFI（拟合优度指数）	0.904	＞0.8 可接受
NFI（相对拟合指数）	0.881	＞0.8 可接受
CFI（比较拟合指数）	0.974	＞0.9 拟合很好
RMSEA（相似误差均方根）	0.040	＜0.08 可接受

（2）收敛效度分析。对本课题所设计的五个构面进行验证性效度分析，其收敛效度分析结果如表5-6所示。各构面的组合效度（CR）分别为0.860、0.867、0.894、0.901和0.869，均大于0.7。CR越高表示构面内部的一致性越高，统计指标均符合建模要求。各构面的平均变异数萃取量（AVE）分别为0.673、0.619、0.549、0.646和0.626，均大于0.5。AVE表示潜在变量对观察变量解释能力的平均，AVE越高收敛效度越好，AVE结果满足可接受要求。

表5-6 各构面 CR 值和 AVE 值

路径关系	因素负荷量	参数显著性估计	SMC	CR	AVE
Q5_A1 ← 平台建设因子	0.763	1	0.582		
Q5_A2 ← 平台建设因子	0.811	1.081	0.658	0.860	0.673
Q5_A3 ← 平台建设因子	0.882	1.21	0.778		
Q6_A1 ← 平台发展因子	0.830	1	0.689		
Q6_A2 ← 平台发展因子	0.781	0.876	0.610		
Q6_A3 ← 平台发展因子	0.741	0.832	0.549	0.867	0.619
Q6_A4 ← 平台发展因子	0.793	0.838	0.629		
Q7_A1 ← 主体内部效应	0.758	1	0.575		
Q7_A2 ← 主体内部效应	0.647	0.855	0.419	0.894	0.549

第5章 数智转型下高校金融类专业产教融合影响因素检验

表5-6（续）

路径关系	因素负荷量	参数显著性估计	SMC	CR	AVE
Q7_A3 ← 主体内部效应	0.648	0.758	0.420		
Q7_A4 ← 主体内部效应	0.818	1.061	0.669		
Q7_A5 ← 主体内部效应	0.827	1.123	0.684		
Q7_A6 ← 主体内部效应	0.699	0.844	0.489		
Q7_A7 ← 主体内部效应	0.768	0.968	0.590		
Q8_A1 ← 耦合效应	0.772	1	0.596		
Q8_A2 ← 耦合效应	0.788	1.044	0.621		
Q8_A3 ← 耦合效应	0.746	1	0.557	0.901	0.646
Q8_A4 ← 耦合效应	0.855	1.143	0.731		
Q8_A5 ← 耦合效应	0.853	1.103	0.728		
Q9_A1 ← 外部环境效应	0.831	1	0.691		
Q9_A2 ← 外部环境效应	0.852	0.988	0.726	0.869	0.626
Q9_A3 ← 外部环境效应	0.722	0.901	0.521		
Q9_A4 ← 外部环境效应	0.752	0.889	0.566		

（3）路径系数分析。表5-7和图5-2给出了产教融合整体结构方程模型的分析结果和路径参数。

表5-7 路径参数结果

路径关系			因素负荷量		参数显著性估计		
			Std.	Unstd.	S.E.	C.R.	P
平台建设因子	←	主体内部效应	0.17	0.174	0.068	2.557	0.011
平台建设因子	←	耦合效应	0.46	0.500	0.087	5.745	0.000
平台建设因子	←	外部环境效应	0.22	0.213	0.071	3.006	0.003
平台发展因子	←	主体内部效应	0.12	0.153	0.076	2.006	0.045
平台发展因子	←	耦合效应	0.27	0.363	0.090	4.013	0.000
平台发展因子	←	外部环境效应	0.53	0.614	0.085	7.238	0.000

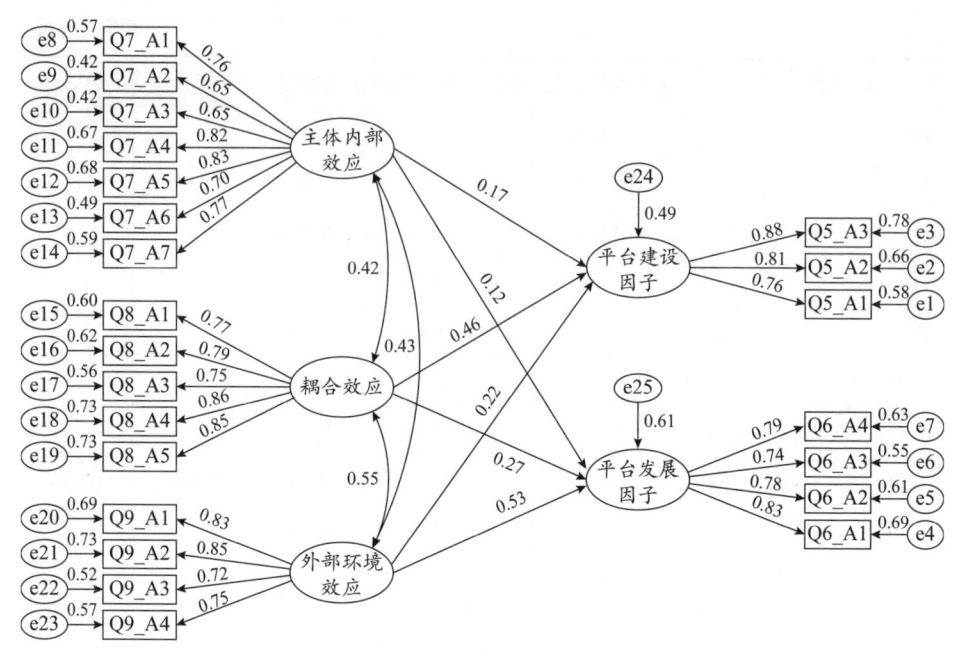

图5-2 结构方程模型分析结果

注：图中数据来源于实证研究结果。

由上述结果可知，在调查样本内，主体内部效应对平台建设因子和平台发展因子有较显著的影响。耦合效应对平台建设因子具有非常显著的正向影响（$\beta=0.46$，$p<0.001$），对平台发展因子具有较为显著的正向影响（$\beta=0.27$，$p<0.001$）。外部环境效应在0.01的水平下对平台建设因子具有较小的正向影响，而在0.001的显著性水平下对平台发展因子具有显著的正向影响。

5.5 本章小结

本章根据调查样本及相关数据，运用结构方程模型对产教融合效果的影响因素进行了实证检验，结果表明产教融合建设主体的内部效应、各主体间的耦合效应以及外部环境效应对产教融合产生了显著影响，且这些影响效应通过产教融合平台建设效果和平台发展程度产生作用。因此，为提升金融类专业产教融合效果，应重点从以上维度完善相应发展对策。

第6章 数智转型下高校金融类产教融合的总体优化路径分析

在当今高等教育与产业发展紧密融合的背景下,产教融合对高校金融类人才的培养显得尤为重要。为进一步优化产教融合路径,本章聚焦于院校内部改革,在对产教融合模式进行分析的基础上,提出了"数智驱动,开放协同,重点推进,四重保障"的产教融合优化模式,以期推动地方高校金融类产教融合向更深层次发展。

6.1 产教融合的典型模式分析

6.1.1 双元制模式

德国双元制人才培养模式,是一种将学校职业教育与企业实践培训紧密结合的教育模式。其中,"双元"指的是两个培训场所:一是职业学校,主要负责专业知识的传授;二是企业或公共事业单位等校外实训场所,让学生在真实的工作环境中接受职业技能的专业培训。这种模式的核心在于学校与企业共同担负培养人才的责任,以满足企业对人才的实际需求。

德国双元制培训体系的起源可追溯到18世纪末和19世纪初,最初是为了扶助中产阶级和平民而设立的。1897年,《手工业条例》的修订为双元制的企业培训部分奠定了法律基础。从19世纪末到20世纪初,学校与企业的紧密结合逐渐形成了双元制培训模式的雏形。到了20世纪20年代中期,受"科学管理"思想的影响,开始形成有条理的职业培训过程,包括标准的培训课程、组织方法和训练计划，进一步完善了双元制培训体系。

双元制模式的实践性较强，学生大部分时间在企业进行实践操作技能培训，其中，60%~70%的课程在实训场所开设，30%~40%的课程在学校开设（Frank，1987；胡万山，2023），在培训过程中，学生使用企业当前运营的设备或采用的技术。这种以生产性劳动方式进行的培训，有利于学生在培训结束后迅速适应工作岗位。此外，该模式能够满足企业的实际需求，根据企业的需求培养人才，确定人才培养的数量。不仅如此，该模式能够较好地均衡各方利益，形成较稳定的合作机制。在该模式下，企业全面参与，政府、工会、行业协会和学校分别承担不同的职能，通过各方共同努力和相互协商，政府部门制定较为完善的法律和制度体系，保障产教融合人才培养模式的稳定运行。

值得注意的是，双元制教育需要学校和企业共同承担教育成本，可能导致教育资源在不同地区、不同行业之间分配不均，同时，学生的选择也可能受到一定的限制。为完善该模式，应进一步加强政府、高校和企业之间的合作与协调，降低资源配置的地区差异性，并融入更多的数智技术元素，如虚拟现实等进行远程操作，以进一步提高双元制产教融合的人才培养效能。

随着科技发展和数智化转型，如何培养适应数智化转型和时代发展需求的应用型人才，成为了各国关注的重点之一。德国在传统双元制的基础上，根据工业4.0的要求，创新了"智慧学习工厂"的模式，将工业自动化、精益生产、工业信息聚集等概念融入教学，通过与产业界的跨界合作，构建学习集群组织，从而培养学生的应用能力（李一，2023），为数智时代高素质应用人才培养提供了新的典范。

6.1.2 学徒制模式

学徒制（Apprenticeship）是一种带薪学习体验。学徒的带薪学习机会由雇主或赞助商（如工会）提供，在实习过程中，他们可以在工作现场学习，还可以在工作期间接受课堂培训，并在导师的指导下学习。纽约联合服务工人工

第6章 数智转型下高校金融类产教融合的总体优化路径分析

会联合学徒培训中心主任 Brian Keating 指出,"将工作内容与所学内容高度结合,是一种真正强大的教学方式,也是一种奇妙的学习方式"。学徒制的演变形式包括工读交替模式等。该模式是产教融合人才培养的重要方式,在产教融合人才培养中发挥着重要作用。

产教融合的学徒制起源于职业教育改革的需求,在其发展过程中,学徒制逐渐成为人才培养的重要途径,并不断完善,如在2011年,澳大利亚进一步对学徒制的相关政策进行完善,并明确要求雇主与学徒签订合同,明确企业的义务。在2017年澳大利亚联邦政府设立额度为15亿澳元的"国民技能提升基金"(Skiling Austrilian Fund),加大了对重点职业领域和新兴产业部门的高学历高层次技能人才培训。在我国,这种模式的理念最初在20世纪80年代初随着职业教育改革的推进而萌芽。当时,为了缓解社会经济发展与职业教育之间的矛盾,政府开始提倡职业教育要与社会需求相结合。进入21世纪后,产教融合逐渐成为我国职业教育改革的重要手段,政府通过一系列政策措施鼓励企业参与职业教育。特别是2010年以来,产教融合进入全面深化阶段,政府大力推动教育与产业的无缝对接。在现代学徒制的发展过程中,企业与学校的合作日益紧密,共同参与到学员的培训与教育中。这种模式的推广,不仅提高了职业教育的实用性和适应性,也为企业培养了更多符合实际需求的专业人才。

6.1.3 "三明治"模式

英国"三明治"人才培养模式是一种深度整合理论与实践、旨在培养全面人才的创新教育模式,其人才培养模式的核心在于"理论与实践的深度融合与互动"。在该模式下,真正的学习应当发生在理论与实践的交界处,即知识的应用与创造之中,因此,该模式鼓励学生不仅要掌握扎实的理论知识,更要具备将这些知识转化为解决实际问题能力的实践智慧。

三明治模式在实施上展现出高度的灵活性和适应性,主要体现在"厚三明治"与"薄三明治"两种基本模式上,两种模式都有其独特的设计理念和实施策略。"厚三明治"模式强调实践先行，通常要求学生在正式进入高等教育阶段之前，先进行较长时间（通常为一年或更长）的企业实习。学生在实习后带着问题回到校园，能够更加有针对性地学习相关理论，形成"实践-理论-再实践"的良性循环。"薄三明治"模式下，学生在完成一年的基础理论学习后，接下来的两年中，交替进行校内学习与企业实习。这两种模式都体现了教育者对于理论与实践结合重要性的深刻认识，以及对学生个性化发展需求的尊重。"三明治"模式的运行过程体现了以下特点：一是理论与实践的紧密结合与相互促进；二是政府、高校与企业的三方合作与共赢；三是注重学生的个性化发展与职业规划；四是教学方式与评价体系灵活多样。这些模式不仅为学生提供了多样化的学习路径，也为高等教育机构与企业合作、共同培养未来社会所需人才提供了新的框架和思路（罗勇，2022）。

6.1.4 CBE 模式

CBE（Competency Based Education）模式，即以能力为基础的教育模式，它强调的是对学生具体操作和动手能力的培养。在 CBE 模式下，教育机构与产业界紧密合作，根据行业需求和职业标准来明确学生所需掌握的核心能力，并围绕这些核心能力进行课程设计、教学实施和评价。

CBE 模式起源于二战期间的美国，当时为了快速培训军工生产人员，满足战时军火生产的需求，CBE 的雏形应运而生。随着经济的发展和产业结构的调整，CBE 模式在20世纪70年代至80年代得到了进一步完善和推广。该模式逐渐从满足战争需求转变为与职业教育紧密结合，成为了一种广泛应用的职业教育模式。特别是在北美地区，如美国和加拿大，CBE 模式已经成为了职业教育的主流模式之一。CBE 模式在20世纪80年代末、90年代初传入我国，并经过一些单位的实验证明，无论对职前职业教育还是在职培训，都有很好的效果。

CBE 模式教学目标明确，以职业能力培养为核心，有利于学生快速掌握所需技能。同时，该模式注重与产业界的合作，能够确保教育内容与行业需求

第6章　数智转型下高校金融类产教融合的总体优化路径分析

紧密相连，提高教育的实用性。此外，该模式以能力为标准的评价体系更加科学、客观，能够真实反映学生的技能水平。该模式在实施过程中，要求教师具备较高的专业素养和实践经验，对教师的职业能力要求较高，在实施过程中强调学生的自我学习和自我评价，其实施效果须通过严格的制度体系来保障。

6.1.5　TAFE模式

TAFE（Technical And Further Education）模式也称为技术与继续教育模式，是澳大利亚、欧洲运用的产教融合实训体系。这一模式以职业能力为本位，注重实践与应用，将技术教育与继续教育结合起来，采用理论与实践、知识与技能匹配的培训方式，旨在为学生提供与行业需求紧密相连的专业技能培训。

TAFE模式起源于澳大利亚，经历了多个阶段的发展。自1973年澳大利亚技术与继续教育委员会成立以来，TAFE模式逐渐成为执行联邦经济和社会政策的重要载体。在随后的几十年里，TAFE模式不断发展壮大，成为澳大利亚职业教育和培训的主要提供者。TAFE模式已经成为国际上公认的产教融合教育模式，在世界各国得以应用。

该模式具有一系列优点。首先，其课程实用性强，TAFE模式以职业能力为本位，课程设置具有很强的针对性和实用性，确保学生所学技能与行业需求紧密相连。其次，TAFE模式的灵活度高，TAFE模式提供多样化的课程选择，学生可以根据自己的兴趣和职业规划进行灵活选择。同时，学生可以在不同规模和类型的企业中进行学徒培训，积累丰富的工作经验。再次，TAFE模式一般是小班制，每个班级的人数一般为15~30人，这使得教师或导师与学生能够有较频繁的交流，学生可以在真实的工作环境中学习和实践所学技能，由企业的专业人士进行培训和指导，更容易与实际工作接轨。最后，TAFE模式能显著提高就业率，TAFE的学生在完成培训后获得的证书和技能深受市场认可，有助于提高学生的就业率和就业质量。

尽管TAFE模式具有诸多优势，但也存在一些局限，如课程更新迅速以适应行业变化，可能导致一些课程内容的深度和广度受限。随着全球经济的不断变化和技术的快速发展，TAFE 模式也需要不断创新和调整。TAFE 模式需要更加注重数字化、国际化发展，以适应全球经济一体化的趋势。此外，为了满足更多人终身学习的需求，TAFE 模式应进一步扩大服务范围，提供更加多元化和个性化的教育服务。

6.1.6 教学工厂模式

教学工厂模式是一种产教融合的教育模式，旨在将工厂的实际工作环境与学校的教学活动紧密结合。在这一模式下，学校会模拟真实的工厂环境，提供先进的技术和完善的设备，以营造一个综合性的教学场景。这种模式的核心是校企合作和产学结合，即学校与企业共同合作，把产业需求和教学内容相融合，以培养学生的实践能力和职业素养。

教学工厂模式的起源可以追溯到欧洲工业革命时期，当时学校开始推广职业技术教育，并为学生提供在校内工厂实习的机会。随着工业革命的发展，这种模式逐渐得到推广和完善。运用该模式的国家主要有新加坡等，新加坡教学工厂模式借鉴了德国双元制模式，并考虑新加坡国情设计的旨在"按照工厂的模式建造学校，从而实现全方位工厂实践环境"（姜伟星，2023）。

该模式的课程设置能够较好地联系市场，校企双方共同制订教学计划，能够较好地保证教学内容与行业前沿需求紧密相连。同时，该模式让学生模拟企业的实际生产和工作环境，能够让学生接触到真实的生产和服务流程，能较好地提高学生的实践能力，其适应面较广，不仅适合理工类学生的培养，也能提高财经类学生对知识的运用能力。教学工厂模式在我国也体现为"订单式"培养模式，在该模式下，校企双方共同制订培养计划，实现校企双方的优势互补，能够有效促进学生实践能力和就业能力的提高。如上海杉达学院本着"需求引领、校企融合、能力为本、岗位为先"的理念，和华为技术有限公司、中海造船集团有限公司、江苏无国界航空发展有限公司等企业共建了8个二级学

第 6 章　数智转型下高校金融类产教融合的总体优化路径分析

院，探索形成了本科院校应用技术型人才培养模式，并于2024年获得了金融（0251）、电子信息（0854）和护理（1054）等3个硕士学位点，较好地实现了产教融合人才培养目标，提升了人才培养质量。

6.1.7　实习基地模式

产教融合人才培养的实习基地模式，是指教育机构与企业或行业合作，共同建立用于学生实习和实践的基地。这种模式旨在将学生的理论知识与实践操作相结合，通过在实际工作环境中的学习和锻炼，提升学生的职业技能和综合素质。实习基地不仅为学生提供了真实的职业场景，还促进了教育与产业的深度融合。

实习基地模式的起源可以追溯到职业教育改革的初期。为了弥补传统教育中理论与实践脱节的不足，教育机构开始寻求与企业的合作，以便为学生提供更加贴近实际的工作环境。随着产教融合理念的深入人心，实习基地模式逐渐得到了广泛的推广和应用。政府、教育机构和企业之间的合作日益加强，共同建设了一批高质量的实习基地。这些基地不仅为学生提供了宝贵的实践机会，还成为了连接教育与产业的重要桥梁。如南方电网和湖南大学建立了产教融合的合作模式，充分发挥了双方优势资源，持续深化了校企共同招生、共同培养、共同选题、共享成果和师资互通、课程打通、平台融通、政策畅通的"四共""四通"机制，不仅强化了人才培养，还提升了科研合作水平。

实习基地模式能够让学生在真实的工作环境中进行实践操作，从而加深对理论知识的理解，提高职业技能。实习基地模式促进了教育机构与企业之间的资源共享，包括设备、技术、人才等方面的资源，提高了资源的利用效率。实习基地模式形式多样，可以衍生出多种校企合作模式，如企业委托学校进行项目研究和技术开发，也可以开展订单式、学徒制人才培养，还可以进行更深入的产教协同合作。实习基地模式在中国有着广泛运用，但高校与高校、企业与企业之间的差异大，其合作程度与产教融合办学效果也参差不齐。

6.1.8 现代产业学院模式

产教融合的现代产业学院模式，是指高校与行业企业深度合作，共同建立的一种新型教育机构[①]。这种学院模式以产教融合为核心，将产业需求与教育内容紧密结合，旨在培养符合产业发展需求的高素质人才。现代产业学院不仅是教育机构，更是产业界与教育界之间的桥梁，它集人才培养、科学研究、技术创新与产业服务于一体，是推动产教融合深入发展的重要载体。

现代产业学院的起源可以追溯到产教融合理念的兴起。随着经济的快速发展和产业结构的不断升级，传统教育模式已经无法满足产业对人才的需求。因此，产教融合的理念应运而生，旨在通过教育机构与产业界的深度合作，共同培养出更符合产业发展需求的人才。在产教融合的大背景下，现代产业学院模式逐渐崭露头角。这种学院模式最初在一些发达国家得到实践，并取得了良好的效果。随后，我国也开始尝试建立现代产业学院，以促进产教融合的发展。近年来，我国政府出台了一系列政策文件，如《现代产业学院建设指南（试行）》，为现代产业学院的建设提供了指导和支持。在这些政策的推动下，现代产业学院模式在我国得到了快速发展。

现代产业学院能够促进人才供给侧与需求侧的对接，具有功能聚合性、资源共享性和运行组织化等特征，是实习基地等合作形式的延伸与深化，能够推动高等教育产业集群的联动发展。

[①] 有关现代产业学院的定义，不同学者给出了不同定义，如孙振忠等（2019）认为现代产业学院是采用企业化管理方式、现代化治理结构、市场化运行机制、综合化功能定位的创新型办学模式。高鸿等（2021）认为产业学院的本质内涵是集人才培养与培训、技术研发、社会服务等功能于一体的新型产教深度融合育人形态。李昀（2021）将产业学院定义为有共同利益诉求，遵循资源共享、合作共赢的原则，由高校牵头、与地方产业对接的实施科研创新、人才培养以及社会服务的新型办学平台。总的来说，现代产业学院是产教融合的办学模式创新和组织形态创新。

第6章 数智转型下高校金融类产教融合的总体优化路径分析

6.1.9 开放合作研发模式

产教融合的开放合作研发模式，是指产业界与教育界之间通过深度合作，共同进行技术研发和创新的一种模式。在这种模式下，学校和企业共享资源、互通有无，以市场需求为导向，开展科研项目合作，推动技术创新和产业升级。在该模式下，高校与企业形成开放合作联盟，共同开展科学研究或完成特定项目。其人才培养具有高阶性，能够较好地提升学生的创新能力，代表性的形式包括德国实施的"研究与创新公约"（Pakt für forschung und innovation）和伦敦政治经济学院开设的LSE100课程计划。

PFI是德国于2005年制定的公约，该公约目前已进入第四阶段（2021—2030），预计共将分配约170亿欧元的科研经费支持。该公约的目的是促进科学研究动态发展、促进科研成果转化、促进科研网络建设、促进顶尖科研人才集聚以及促进科研基础设施建设。研究组织通过联合聘任教授、共同指导博士生、合作发表科研成果等与高校开展科研合作，从而提升高校人才培养水平。LSE100是伦敦政治经济学院（The London school of economics and political science）的一门跨学科课程，是一年级本科生的必修课。LSE100体现的是交叉融合的人才培养理念，不同社会学科之间存在相互影响的关系，课程要求学生深度接触社会，运用政治学、经济学等跨学科知识，要求学生与不同院系顶尖学者共同学习和合作，通过关注当前社会面临的各种重大议题，共同探索如何应对复杂的全球挑战。以2023—2024学年为例，选课的学生从"全球气候挑战""人工智能伦理""创造公平社会"中进行选择，并开展相关研究/学习，从而提高学生的跨学科研究能力、高阶思维能力、沟通协作能力及社会责任感。

6.2 基于产教融合基地建设的总体模式分析

金融类人才的产教融合培养模式应顺应数字经济发展趋势，面向金融业数智化变革和金融强国的人才需求，着力加强与人工智能、计算机科学、数据科学的交叉融合，区分本科与研究生等不同层次的人才培养目标，根据高校的特期和短期的产教融合发展规划。根据产业发展需求和区域特色，合理布局产教融合基地，避免资源浪费和重复建设。例如，可以在高新技术产业区、经济开发区等关键区域优先布局产教融合基地。

（2）校企深度合作。首先要加强企业与高校之间的合作机制建设，通过签订合作协议、共同开展科研项目和技术转移等方式，推动科技创新和产业发展。这可以确保双方资源共享、优势互补。其次注重实践教学与实训基地建设，鼓励高等院校与金融企业共同建设实践教学和实训基地，使学生能够更好地接触实际工作环境。这些基地应提供先进的设备和技术，模拟真实的工作环境，以提高学生的实践能力和就业竞争力。

（3）人才培养与教学改革。其一是推动人才培养模式创新，如开设双学位、双证书等项目，使学生同时获得理论知识和实践经验。此外，还可以探索订单式培养、现代学徒制等新型人才培养模式。其二是实施教学改革方案，为适应产教融合实训基地的教学需求和学生的未来发展，学校应实施教学改革方案。这包括重新规划和调整教学内容和教学方式，以提升教学质量和教学效果。例如，可以引入企业实际案例和项目式学习方法，增强课程的实用性和趣味性。

（4）政策支持与保障。首先是政策支持，政府应出台相关政策，对参与产教融合的企业和学校给予税收优惠、资金补贴等支持。这可以提高企业参与的积极性，降低其成本风险。其次是资金扶持，为确保产教融合基地的顺利建设和发展，政府和企业应提供必要的资金扶持，这包括直接投资、贷款优惠、设立奖学金等方式，以激励更多的学校和企业参与其中。

（5）评价与监督。其一是建立评价体系，学校和企业应建立校企合作的评价体系，通过评价结果激励校企合作，确保双方的合作效果得到客观、公正的评估，并及时发现和解决问题。其二是建立监督与反馈机制，为确保产教融合基地的良性运行和持续发展，应建立完善的监督与反馈机制，政府、学校和企业应共同参与其中，定期对基地的运行情况进行检查和评估，并根据反馈结果进行必要的调整和改进。

6.3 基于本科层次的产教融合总体优化路径

6.3.1 完善交叉融合培养模式

在产教融合实施过程中，应全面落实"以本为本、四个回归"，坚持立德树人，对接各类金融机构与大中型企业投融资部门，以创新为引领，适应云计算、大数据、区块链等金融科技发展的趋势，以专业建设为契机，进一步深化校企协同育人模式，融合现代教学方法与信息技术，打造双师型师资团队，建设富有特色的金融"金课"，培养具有金融科技运用能力与人文素养的"创新型、创业型、应用型和复合型"四型金融人才。

金融学专业产教融合应注重宏观金融理论与政策、微观金融理论与实践、与环境、能源、大数据、区块链、人工智能等多学科交叉融合，始终坚持以创新为引领，采用虚实融合、校企协同人才培养模式，致力于为学生参与社会实践和产学研合作等活动创造条件，培养学生的创新意识，鼓励学生敢于面对挑战、不断探索、努力创造、追求卓越，并提供一种基础和环境，促使学生养成独立工作的能力和终身学习的习惯，更好地适应社会经济发展对金融人才的要求。

近年来，随着数智技术的发展及其对金融行业的影响日益增大，一些高校进行了交叉融合人才培养的改革。如清华大学经济管理学院和计算机科学与技术系强强联手，加强学科间的对话与融合。中山大学管理学院开设了"非结构化数据分析与应用"本科生课程，主编了大数据管理与应用教指委规划的《非结构化数据分析与应用》教材，其"商学+"教育模式紧跟数智化潮流，加强了对经管类本科数智化相关课程建设（张跃军 等，2024）。在地方本科院校中，湖南工商大学财政金融学院构建了"金融+"人才培养体系，该校依托湘江实验室建设，积极构建"金融+"人才培养体系，开设交叉课程，在金融学本科培养阶段将金融学课程与人工智能课程相融合，创新课外培养体系，开办了数智技术训练营，构建研赛并举模式，组织学生参加科研项目等，在金融人才方面取得了较好的成效（刘赛红 等，2024）。在数智转型下，金融人才培养可进一步创新和完善交叉融合培养模式，通过交叉融合，对产教融合的模式和实施的各个环节进行创新，从而提升产教协同育人的效果。

6.3.2 构建理论实践一体化教学体系

根据金融学学生在不同阶段的学习内容，设计相应的社会实习模式；探讨校内外实践设施建设、实践平台的优化模式；研究实时投资仿真模拟、风控仿真模拟、数据分析仿真模拟等现代化的实验教学及实现方式；探索高校区域、文化、教学背景、所在地金融业的发展规模等差异化竞争优势，形成高校与本土优秀产业、特色产业的合作模式，实现金融教学理论与现实产业环境的无缝对接。

金融行业需求应与高校金融专业学生培养目标相融合。高校金融专业应该根据地方金融业发展的需求，主动在其人才培养的结构、目标上进行调整，同时应结合高校金融专业自身特点与优势，设计高校特点、产业需求与职业标准兼顾的人才培养方案。将培养学生数据处理能力纳入人才培养方案中。具体表现为：调整课程结构，开设数据处理相关课程，举办数据处理相关讲座，开展数据处理相关赛事等。将培养学生的跨界思维作为培养目标之一加入人才培养方案：鼓励金融专业学生辅修、选修计算机科学、数学、心理学、社会学、互联网等学位和课程，培养复合背景的金融人才。

6.3.3 建设实践应用型师资队伍

研究教师应用实践技能与理论相结合的模式；探索"双教师"机制的培养模式；探讨教师与企业、政府之间的学术交流模式；设计教师与企业相应的穿插、学习、教学模式。分析地方本科高校金融学教师同本地产业合作交流、实践对接状况、交叉任职等优势，形成地方本科高校金融专业教师技术实践队伍。

在师资结构上，培养"双元型"企业员工和"双师型"高校教师。首先，高校选派专业课教师到金融机构进行任职，了解金融行业工作特点以及工作流程，先提高专业教师的实践能力再在课堂上有针对性地提升学生专业实践能

第6章 数智转型下高校金融类产教融合的总体优化路径分析

力。金融机构选派内部专业人员到高校任教，把企业工作实践要求与专业教学相结合。其次，鼓励教师将专业科研成果反哺教学，根据金融业需求和科研成果设计课程教案。从而将校企合作成果转化为专业课堂教学内容，减少校企双方的精力浪费，提高金融专业产教融合效率。

6.3.4 创新实践课程内容

根据产业和时代背景的不同，以及金融课程体系要求的改变，并基于产教融合制约因素的实证研究，探究金融学理论的转变方式和金融学课程的创新模式；设计符合产教深度融合要求下的金融学课程体系；探索金融学理论课程与实践课程的结合方式；研究金融学课程与其他课程及相关专业的融合渠道。

金融专业教学、科研、实践应相互融通。首先，教学应与实践相互融通，鼓励学校举办金融专业实践比赛，加强专业教学与专业实践的协同。促进教学相长，调动师生双方的积极性，从而使得学生在学习金融专业知识的同时强化专业实践能力。在教学上，不仅能开展保险销售、银行信贷以及证券服务等一系列情景教学，实现课内与课外、理论与实际的有机结合，而且可以将数据处理分析软件与教学相结合。在专业课程的设计上，可开放部分实践技能要求高的课程进行校企共设，请企业内部专业人士参与课程的教学大纲和授课方案的设计与编制，并且根据行业发展实际及时调整并更新教学内容，以保证课程设置的合理性。设置金融专业英语课程以及金融业道德教育课程。其次，教学与科研相互融通。鼓励教师将专业科研成果反哺教学，根据金融业需求和科研成果设立新的课程。从而将校企合作成果转化为专业课堂教学内容，减少校企双方的精力浪费，提高金融专业产教融合效率。最后，实践与科研相互融通。高校金融专业的科研项目应基于地方金融行业发展现状、需求以及地方政府金融业规划进行选题，使得科研创新成果服务于金融业现实需求，提高科研成果落地转化率。

6.3.5　构建国际化合作交流平台

按照产教深度融合的要求，结合产业界的国际化需求，探索中外高校合作交流模式；研究国内高校国际化合作交流平台的构建措施；寻找"一带一路""金融开放"等新经济形势下的产教深度融合国际化实践平台的构建。

根据高校金融专业人才培养规律以及国内外校企合作培养人才实践，构建金融专业产教融合国际化人才培养体系。首先，成立国际合作管理组织，针对特定的国际化人才培养目标，解决培养过程中学校、企业这两个培养主体决策和工作的协调性问题，是开展培养活动的组织保障。其次，制定国际化产教融合的人才培养方案，确定培养目标和培养规格、有效开发利用培养资源、创造优化培养环境。再次，实施国际化的课程教学，课程是培养国际化金融人才的重要载体，课程教学的内容和方法应充分体现国际化内涵与要求。例如，思想政治理论课要注重家国情怀、跨文化能力和国际理解力教育，激发学生投身"一带一路"建设的热情并做好行动准备，积极探索学生"走出去"和"招进来"同步发展的双向国际化道路（侯俊军 等，2023）。再如，在大学英语课堂加强口语训练，突出海外工作和生活场景中的语言应用能力培养。最后，实训课程要结合企业相关工作岗位要求开展教学，有条件的要组织学生赴"走出去"企业进行海外实习。第二课堂要着力为中外学生开展语言实践、跨文化交流等活动创造更多机会，增强学生的国际交流体验，提升国际理解力和包容力。此外，国际化合作交流平台构建过程中，应坚守文化定力，培植文化自信，形成具有特色的国际化发展模式（侯俊军 等，2023）。在当前高等教育和金融行业数智化加速的趋势下，国际化并不一定需要依托实体展开，而是可以借助互联网、虚拟现实等技术实现虚拟国际化，正如 Ulrich Teichler 所指出"虽然体验式学习必不可少，但在常态化的课堂教学中，许多要素并不一定要依赖于物理流动的国际化"（段世飞 等，2024）。

6.4 基于研究生层次的产教融合总体优化路径

6.4.1 多主体协同的金融类研究生教学模式构建

构建多主体协同的金融类研究生教学模式成为当前教育改革的重要方向。本节将从提高培养单位服务意识、形成深度协同模式、实施"双导师"培养模式三个方面，探讨如何构建多主体协同的金融类研究生教学模式。

6.4.1.1 提高金融类研究生培养单位的服务意识

金融类研究生培养单位应从长远和深层次的角度认识协同创新的重要性，更主动地提高自身培养学生的意识。为此，可以采取以下具体措施：制订长远的培养计划；培养单位应制订具有前瞻性的培养计划，明确培养目标，注重培养学生的综合素质和实践能力。计划中应包含对金融行业发展趋势的预测，以便及时调整课程设置和教学内容，确保学生所学知识与行业需求相匹配。例如，可以增设与金融科技、风险管理等相关的课程，以满足金融行业对新兴领域人才的需求；调动学生的积极性，培养单位应通过开展丰富多彩的学术活动和实践项目，激发学生的学习兴趣和创新精神。可以组织学生参与科研项目、实践活动、学术竞赛等，提供必要的支持和指导，帮助学生在实践中成长。同时，还可以设立奖学金、优秀毕业生评选等激励机制，鼓励学生积极参与创新活动；增强与金融行业的沟通联系，培养单位应积极与金融监管部门、商业银行、证券公司等新型金融机构建立合作关系，了解行业需求和最新动态。可以邀请金融行业专家来校讲座，为学生提供与业界人士交流的机会，拓宽学生的视野。同时，还可以与金融机构共同开展科研项目、实习实训等合作，提高学生的实践能力和就业竞争力。

6.4.1.2 形成培养单位与用人部门协同行动的深度协同模式

为了更好地培养适应金融行业需求的复合型人才，金融类研究生培养单位应积极与用人部门协同行动，形成深度协同模式。具体可以从以下几个方面入手。

（1）可以借鉴"硅谷模式"，以研究生培养单位为依托，以金融企业为主力，将金融企业的实际需求转化为科研课题。通过校企合作，共同研发金融产品和技术，提高学生的科研创新能力和实践能力。例如，可以与企业合作开展金融大数据分析、风险管理模型构建等研究项目，让学生在实际工作中学习和成长。

（2）可借鉴"官－产－学－研"结合模式，政府应制定一系列法律和政策来促进产学研结合，建立多元化的政府支持方式。加大对产学研协同创新的支持力度，从制度和资金等多方面引导和支持产学研协同创新平台的建设。例如，可以设立专项基金支持校企合作项目、提供税收优惠等政策措施，鼓励企业积极参与协同创新活动。

（3）建立管理与指导的协调中心。针对各地的金融发展和研究生教育的实际情况，建立相应的协调中心。协调中心负责制定符合协同创新的相关政策，推动各方资源的整合和共享。例如，可以建立金融行业与高校之间的联席会议制度，定期交流行业需求、人才培养等信息，共同制定培养计划和教学方案。

6.4.1.3 实施协同创新下的"双导师"培养模式

"双导师"培养模式是一种有效的协同创新教学方式，通过校内导师与校外导师的紧密合作，共同指导学生的学术和金融实践活动。具体实施策略如下。

（1）明确"双导师"的职责和定位。校内导师主要负责学生的学术指导，帮助学生夯实理论基础和专业知识基础。校外导师则负责传授实践经验，引导学生将理论知识应用于实际工作中，发现并解决有价值的金融问题。双方应定期沟通学生的学习情况和培养进展，共同制订个性化的培养计划。

（2）建立"双导师"的选拔和激励机制。制定严格的选拔标准，确保校内导师和校外导师都具备较高的学术水平和实践经验。建立激励机制，鼓励导师积极参与协同创新活动，为学生的成长和发展提供更多的支持和帮助。例如，可以设立"优秀导师奖"、提供科研经费支持等激励措施。

（3）强化"双导师"的协同合作。定期组织校内导师和校外导师的交流活动，分享教学经验和行业动态。鼓励导师共同指导学生参与科研项目和实践活动，促进学术与实践的深度融合。例如，可以共同指导学生完成企业实际项目、共同发表学术论文等合作成果。

6.4.2 建立基于协同理念的跨学科金融类研究生培养模式

随着金融行业的快速发展和创新需求的不断增加，对金融类研究生的培养提出了更高的要求。传统的单一学科培养模式已难以满足当前金融行业对复合型人才的需求。因此，建立基于协同理念的跨学科金融类研究生培养模式成为当前教育改革的重要方向。本书将从完善跨学科课程体系、强化跨学科科研能力培养、推动产学研协同创新平台建设三个方面，具体阐述如何构建这一新型培养模式。

6.4.2.1 完善跨学科课程体系

跨学科课程体系的完善是建立基于协同理念的跨学科金融类研究生培养模式的基础。具体措施包括以下几个方面。

（1）优化课程结构。在金融类研究生的课程设置中，应注重涵盖"金融学、经济学、管理学、心理学、数学、统计学、工程学"等多学科的课程体系。通过优化课程结构，确保学生能够全面、系统地掌握各学科的基础知识和研究方法。

（2）设置跨学科课程模块。针对金融学的特点和需求，可以设置跨学科课程模块，如"金融工程与数学建模""行为金融学与心理学"等。这些课程模块旨在将不同学科的知识和方法有机融合，培养学生的跨学科思维和综合能力，如表6-1所示。

表6-1 跨学科课程

序号	课程
1	大数据管理导论
2	人工智能应用技术
3	数字经济与智慧管理
4	物联网技术与应用
5	云计算与大数据
6	通信技术导论
7	智能科学技术导论
8	金融工程与数学建模
9	行为金融学与心理学

（3）鼓励跨学科选课。制定灵活的选课制度，鼓励学生根据自己的兴趣和研究方向，跨学科选择相关课程。通过跨学科选课，拓宽学生的知识视野，增强其综合运用多学科知识解决金融实际问题的能力。

6.4.2.2 强化跨学科科研能力培养

跨学科科研能力的培养是建立基于协同理念的跨学科金融类研究生培养模式的核心。具体措施包括以下几个方面。

（1）实施"双导师"制度。借鉴国内外成功经验，实施"校内导师与校外导师"相结合的"双导师"制度。校内导师主要负责学生的学术指导和理论学习，校外导师则负责传授实践经验和引导学生进行跨学科科研。通过"双导师"制度，促进学术与实践的深度融合，提升学生的跨学科科研能力。

（2）开展跨学科科研项目。鼓励学生参与跨学科科研项目，如金融工程与数学建模、行为金融学与心理学等方向的课题。通过参与科研项目，培养学生的科研创新能力和团队协作精神，同时提升其跨学科解决问题的能力，如表6-2所示。

第6章 数智转型下高校金融类产教融合的总体优化路径分析

表6-2 跨学科科研项目

序号	科研项目
1	金融业人力资本的产出效应研究
2	罕见灾难和宏观经济下行叠加对系统性金融风险的影响研究
3	自相似视角下相对贫困成因分析与指数测算——基于混沌与分形理论的研究
4	多尺度系统性风险对生产网络的影响及分类监管研究
5	我国商业银行资产搁浅风险的识别与防控研究
6	数字金融缓解小微企业融资约束效应研究
7	基于文本识别和机器学习的财务欺诈智能预警研究

（3）举办跨学科学术活动。定期举办跨学科学术讲座、研讨会等活动，邀请不同学科的专家学者进行学术交流。通过学术活动，拓宽学生的学术视野，激发其跨学科研究的兴趣和热情。

传统的以学术为导向的培养模式已难以满足当前金融行业对实践能力和创新精神的需求。因此，实施以应用需求为导向的金融类研究生科研创新模式成为当前教育改革的重要方向。本书将从解决金融监管中的实际应用需求、满足金融企业经营的实际应用需求以及解决金融消费者的资产管理与风险管理需求三个方面，具体阐述如何实施这一新型科研创新模式。

6.4.3 实施以应用需求为导向的金融类研究生科研创新模式

6.4.3.1 要以解决金融监管中的实际应用需求为科研创新导向

金融监管是金融行业的重要组成部分，也是保障金融市场稳定和发展的重要手段。然而，当前金融监管面临着诸多挑战，如监管规则滞后、监管手段不足等。因此，金融类研究生的培养应紧密联系金融监管实践，以解决金融监管中的实际问题为导向，推动监管理论的创新。具体措施包括以下几个方面。

（1）建立金融监管实践基地。与金融监管机构合作，建立金融监管实践基地，为金融类研究生提供实地学习和实践的机会。通过参与金融监管机构的日常工作，了解金融监管的实际运作和面临的挑战，为科研创新提供实践基础。

（2）开展金融监管案例研究。组织金融类研究生开展金融监管案例研究，选取具有代表性和典型性的金融监管案例进行深入剖析。通过案例研究，培养研究生分析问题和解决问题的能力，同时推动监管理论的创新。

（3）举办金融监管研讨会。定期举办金融监管研讨会，邀请金融监管机构的专家、学者和从业人员进行交流和讨论。通过研讨会，了解金融监管的最新动态和前沿问题，为金融类研究生的科研创新提供思路和方向。特别地，对于地方高校或应用型高校，应充分发挥自身特色和优势，围绕地方主导产业和金融发展特征，设置和凝练3~5个主要研究方向，集中力量做好特定领域内的产教融合，服务地方经济和金融发展。

6.4.3.2 要满足金融企业经营的实际应用需求为科研创新目的

金融企业是金融市场的主体，其经营和发展状况直接影响着金融市场的稳定和繁荣。然而，随着金融市场的不断创新和发展，金融企业面临着诸多新问题和挑战。因此，金融类研究生的培养应以解决金融企业的实际问题为导向，推动科研成果的转化和应用。

（1）建立产学研合作机制。与金融企业建立产学研合作机制，共同开展科研项目和人才培养。通过合作，将金融企业的实际问题转化为科研课题，引导研究生参与实际问题的解决过程，培养其实践能力和创新精神。

（2）开展金融企业实习项目。组织金融类研究生开展金融企业实习项目，让其在实习过程中了解金融企业的实际运作和管理模式。通过实习，培养研究生的职业素养和实践能力，同时为其科研创新提供实践基础。可借鉴武汉理工大学围绕产教融合研究生培养模式开展的系列改革，包括建设以人工智能与新能源汽车为代表的现代产业学院、以专业学位研究生培养模式改革襄阳示范区为代表的专业学位教育基地，形成了以企业需求为导向的科研创新模式。该校通过与华为联合开展科研创新，有7名联合培养研究生获华为优秀或资深员工方能获得的可信认证专业级证书，其中，2020级的一名硕士研究生完成了SCB框

第6章　数智转型下高校金融类产教融合的总体优化路径分析

架源代码修改，重构代码6k+，使得编译效率提升20%，门禁时间由18 m56 s减少到了8 m48 s，节约构建服务器三十余台（梁传杰 等，2023）。财经类高校可以借鉴该模式，与银行、证券公司、保险公司等金融企业开展合作，从而形成面向金融企业实际需求的科研创新成果，提升研究生的科研创新能力。

（3）推动科研成果的转化和应用。鼓励金融类研究生将科研成果转化为实际应用，如开发新的金融产品、优化风险管理模型等。通过科研成果的转化和应用，推动金融企业的创新和发展，同时为研究生提供实践机会和创业平台。

（4）推动金融服务实体经济。在产教融合过程中，应强化金融服务实体经济的职能。相关研究表明，产教融合价值链中的研发价值链和制造价值链的占比超过了60%（余仙梅 等，2023），这说明产教融合能够有效支持实体企业的发展（图6-2），对于金融产教融合人才培养基地的建设，也应服务于实体经济高质量发展这一目标，通过形成金融企业、实体企业和高校的联合共同体，着眼于实体企业科技创新和高质量发展的需求，激发学生对应用性知识的理解与认知，进而根据实践中出现的问题制定解决方案；在应用情境中不断探索和验证这些问题，使学生逐步掌握相关知识和技能，并在实际应用中能够举一反三，灵活运用这些知识。

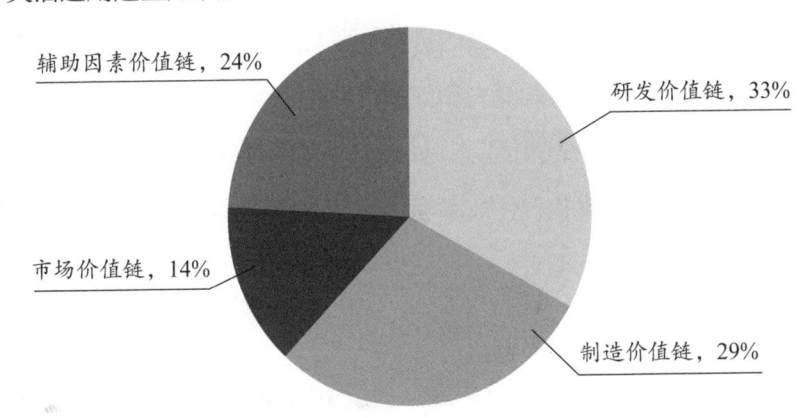

图6-2　产业价值链视角的产教融合政策分析单元

注：资料来源于《双重视角下省域产教融合政策供给优化研究——基于23省产教融合政策文本的分析》（余仙梅 等，2023）。

6.4.3.3 应解决金融消费者的资产管理与风险管理需求

随着国内经济的持续快速发展和金融市场深度和广度的提高，金融消费者的资产管理需求、投资需求和风险管理需求等快速增长。然而，当前金融服务供给不均衡、服务质量有待提高，难以满足金融消费者的多样化需求。因此，金融类研究生的培养应加强与金融市场各类主体的对接，形成协同创新的模式，在满足金融消费者需求的同时实现培养质量的提升。

（1）开展金融消费者调研。组织金融类研究生开展金融消费者调研，了解金融消费者的实际需求和偏好。通过调研，为研究生的科研创新提供市场导向和实践基础。建立金融消费者教育基地。与金融机构合作建立金融消费者教育基地，为金融类研究生提供金融知识普及和消费者教育的机会。通过教育基地的建设和运营，培养研究生的社会责任感和实践能力。

（2）推动金融科技创新。鼓励金融类研究生关注金融科技创新领域的发展动态和前沿问题，如区块链、人工智能等在金融领域的应用。通过科研创新推动金融科技的发展和应用，满足金融消费者的多样化需求。

实施以应用需求为导向的金融类研究生科研创新模式是当前金融行业发展的必然趋势。通过解决金融监管中的实际应用需求、满足金融企业经营的实际应用需求以及解决金融消费者的资产管理与风险管理需求等具体措施的实施，可以培养出更多具有实践能力和创新精神的金融类研究生。然而，在实施过程中也需要面对各种挑战和问题，如何平衡学术研究与实践应用的关系、如何确保科研成果的质量和转化效率等。因此，需要各方共同努力和持续投入，不断完善和创新科研创新模式。

6.4.3.4 应推动产学研协同创新平台的建设

产学研协同创新平台的建设是建立基于协同理念的跨学科金融类研究生培养模式的重要保障。具体措施包括以下几个方面。

（1）加强校企合作。积极与金融机构、企业等合作，共同开展科研项目

第6章 数智转型下高校金融类产教融合的总体优化路径分析

和人才培养。通过校企合作，将金融行业的实际需求转化为科研课题，引导学生参与实际问题的解决过程，提升其跨学科实践能力和创新能力。如信阳职业技术学院和北京正远未来教育科技股份有限公司共同建设了大数据金融科技实验室，该金融实训室建筑面积891 m²，共分为接待大厅，风控室，交易大厅，风控大厅，直播间，会议室，VIP洽谈室，机房8个功能区域。该实验室配置了多联屏金融操作终端，拥有高清数据视觉显示屏，专业直播系统，以及大屏幕的互动教学系统，可以对接全球60多个国家及地区的债券、期货、外汇、金融衍生品等上万种金融产品的实时或延时行情，可以进行期货及金融衍生品动态数据分析，通过Monte Carlo模型、多因子模型、Black-Litterman模型、Backtesting等在投资组合方面的应用实验以及区块链、大数据在金融行业的应用等做深度学习与研究，从而较好地实现了校企协同培养创新人才。

（2）建立协同创新中心。依托高校和金融机构的资源优势，建立产学研协同创新中心。协同创新中心旨在搭建一个集科研、教学、实践于一体的平台，促进不同学科之间的交叉融合和协同创新。

（3）推动政策支持和资金投入。积极争取政府和相关部门的政策支持，为产学研协同创新平台的建设提供资金保障。同时，通过设立专项基金、提供科研项目经费等方式，鼓励教师和学生积极参与协同创新活动。

6.4.4 建立基于协同理念的金融类研究生培养激励与评价体系

（1）要强化金融类研究生的创新能力。要提高金融行业的创新能力，要求在研究生培养过程中以创新能力为激励和评价指标，如加大对科研成果的创新程度的评价，加强对研究生创业能力的评价等。一方面应明确创新能力评价标准。制定详细的创新能力评价标准，包括科研成果的创新程度、创业能力、解决实际问题的能力等。这些标准应具体、可操作，并能够全面反映研究生的创新能力。另一方面应加大科研成果创新程度的评价。在金融研究生培养过程中，加大对科研成果创新程度的评价。鼓励金融研究生参与具有创新性的科研项目，如金融科技创新、金融产品创新等。通过科研成果的创新程度来评价研究生的创新能力，并将其作为重要的激励指标。此外，可加强金融研究生创业能力评价。将金融研究生创业能力作为研究生创新能力评价的重要组成部分。鼓励金融研究生参与创业实践，如创办金融科技企业、参与金融创新项目等。通过评价研究生的创业能力，激发其创新精神和实践能力。

（2）应健全利益分配机制。协同创新模式下，参与主体涉及政府、高校、科研机构和金融企业等，各利益主体有不同的利益诉求，基于协同创新的研究生培养模式需要协调好各个参与主体的利益诉求，例如，开创引导型基金管理模式，进行利益分配，使金融创新的部分利益由研究生分享，激发创新主体的积极性，形成政府、企业和教学科研良性循环的发展模式。同时，应激发创新主体的积极性。通过利益分配机制，激发创新主体的积极性。政府可以提供政策支持和资金扶持；高校和科研机构可以提供学术资源和研究支持；金融企业可以提供市场资源和实践机会。各方共同参与、共同受益，形成政府、企业和教学科研良性循环的发展模式。此外，在利益分配过程中，要保障各方利益诉求。政府需要关注金融行业的整体发展和创新能力的提升；高校和科研机构需要关注学术研究成果的转化和应用；金融企业需要关注市场需求的满足和经济效益的实现。通过协调各方利益诉求，实现共赢发展。

（3）应建立与协同创新相协调的评价体系。在协同创新的教学培养模式下，需要建立与协同创新相协调培养评价体系，如：在教师评审上，采取更多元的评价方式，将科研成果质量的评价与金融企业的实际需求相结合，特别是加强教师在金融科技创新成果转化等方面的考核。在对学生课程评价等方面，将合作金融机构的影响力以及协作程度等相结合；在学生的就业环节，将协同创新单位对学生的综合评价反映在就业推荐表中；更为重要的是，将协同创新过程中的培养问题反馈到教学培养单位，为研究生培养质量的提高提供依据。

6.5 本章小结

金融行业和高等教育均面临数智转型的机遇和挑战，如何更好地运用数智技术推动金融类产教融合人才培养是当前需要重点思考的问题之一。本章分析了当前产教融合的典型模式，并结合本科与研究生人才培养的不同要求，对金融类产教融合人才培养的总体模式进行了分析，从而为金融人才培养提供了相关借鉴。

第7章　数智转型下高校金融类产教融合课程建设研究

本章聚焦于高校金融类产教融合课程建设的研究。在对现状进行深入分析的基础上，本书发现当前金融类产教融合课程建设在积极性、资源投入、管理体制、政策支持及效果等方面呈现出较好的发展态势。为了促进数智转型下的高校金融类产教融合课程建设，应探索课程建设的创新路径，包括完善管理体制、校企共同编制教材、创建教材开发新生态、打造虚拟仿真实验金课，并通过行业实习来实现课程实践学时等策略，以推动高校金融类产教融合课程建设取得更好的效果。

7.1　金融类产教融合课程建设的现状分析

产教融合课程建设作为当前教育改革的重要方向，旨在通过学校与企业的深度合作，编写既有完整的知识体系，又反映金融行业和业界动态的高水平教材。以下从建设积极性、资源投入、管理体制、政策支持和建设效果等方面对产教融合课程建设的现状进行评价。

7.1.1　产教融合课程建设的参与积极性逐渐提高

近年来，产教融合课程建设的积极性在国家政策引导和社会需求推动下得到了显著提升。高校和企业都表现出较高的热情，共同致力于推动产教融合的发展，以培养更多符合数智转型需求的高素质人才。

7.1.1.1 学校方面的积极性

随着高等教育改革的深入，越来越多的高校开始意识到传统教育模式的局限性。为了更好地培养学生的实践能力和创新精神，这些学校开始主动寻求与企业的合作，以期通过产教融合的方式，为学生提供更加贴近实际的学习环境和实践机会。在具体实践中，学校方面的积极性主要体现在以下几个方面。

（1）主动与企业建立合作关系，共同开发课程，确保课程内容与行业需求紧密相连。

（2）在实验课程中积极引进企业的先进设备和技术，为学生创建更加真实的实践环境，提升他们的实践操作能力。

（3）加强与金融企业的沟通交流，及时调整教学计划和课程设置，以更好地满足行业发展的需求。

7.1.1.2 企业方面的积极性

与此同时，企业也逐渐认识到参与产教融合课程建设对于其长远发展的重要性。随着市场竞争的日益激烈和人才需求的不断变化，企业开始意识到培养符合自身需求的高素质人才的重要性。因此，越来越多的企业开始积极参与到产教融合课程建设中来。企业方面的积极性主要体现在以下几个方面：

（1）提供资金、设备和技术支持，帮助学校改善教学条件，提升教学质量。

（2）派遣经验丰富的员工到学校进行授课或指导，担任学生的行业导师或实践导师，将最新的行业动态和实践经验传授给学生。

（3）与学校共同开展科研项目和人才培养计划，以基地建设促进课程建设，推动产学研一体化发展。

这些举措不仅有助于提升企业的社会形象和品牌价值，还能为企业培养更多忠诚、有能力且符合企业文化的人才。例如，在课程建设过程中，可参考清华大学校友行业专家课程的建设模式（刘静 等，2023）。2021年清华大学在《清华大学关于在新发展阶段进一步深化研究生教育改革的若干意见》中提出要在

第7章 数智转型下高校金融类产教融合课程建设研究

专业学位研究生培养方面探索校友中的行业专家参与课程建设的模式，其特点和具体要求如下所述。

（1）授课教师具有双重身份，既是校友，又是行业专家，在行业领域具有一定的成就。

（2）校友行业专家和校内课程负责人组建教学共同体。

（3）校友行业专家具有良好的思想政治素质和职业素养，认同本校人才培养理念，了解人才培养定位和要求，能胜任课堂教学。

（4）授课以系列讲座、案例分析、实地考察、行业难题讨论等多种方式进行（刘静 等，2023）。

通过该模式的实施，可有效提升企业参与课程建设的积极性，提高产教融合的人才培养效果。

7.1.2 产教融合课程建设的资源投入有所增长

产教融合课程建设是当下教育改革的重要方向，在这一进程中，资源投入成为了关键的推动力量。随着参与积极性的提高，学校和企业双方在这一领域的投入有所增长，共同推动着产教融合课程建设的深入发展。

（1）学校的资源投入。在产教融合课程建设中，学校作为教育主体，其资源投入不仅体现在资金上，更包括人力、物力以及教育资源的整合。学校资源的投入体现在以下两方面。其一是课程开发。学校投入资金用于课程的研发和创新，包括聘请行业专家进行课程指导，开发符合行业需求的课程体系，以及不断更新和完善课程内容，确保学生学到的知识与技能与行业需求紧密相连，如西安欧亚学院的"公司金融"课程依托陕西省虚拟仿真一流实验项目开展实践教学，运用天择私募股权投资项目实践平台，构建了"4个业务流程、16个知识点"的学习体系，课程内容涵盖私募股权投资决策中"募投管退"的各个环节，培养学生的综合分析和决策能力。其二是实训基地建设。为了给学生提供更加真实的实践环境，学校投入资金建设实训基地，这些基地配备了先进的设备和技术,模拟真实的工作环境,让学生在实践中学习和成长。同时,学校还与企业合作,共同打造校外实训基地,为学生提供更多的实践机会;实训基地的建设,可以较好地支撑课程开发、实习教材外延的拓展与实践课程教学内容的丰富。

(2)企业的资源投入。企业在产教融合课程建设中同样扮演着重要角色,其资源投入主要体现在以下几个方面。其一是资金和技术支持。企业通过与学校建立合作关系,提供资金和技术支持,这些资金不仅用于课程建设和实训基地的打造,还用于支持学生的实践活动和创新项目。同时,企业还提供技术支持,帮助学校解决课程建设中的技术难题,提升课程建设的质量。其二是设备和人力资源共享。企业将自己的先进设备和技术人员与学校共享,学校可以借此完善实践课程的教学条件,而企业也能通过与学校的合作,培养符合自身需求的人才,这种资源共享模式实现了学校和企业之间的优势互补。其三是实习机会提供。企业为学生提供实习机会,完成金融类学生的实践类课程的开展。

(3)资源投入的效果与影响。学校和企业的大力投入为产教融合课程建设提供了坚实的物质基础。这种投入不仅提升了教学质量,还推动了教育改革和创新人才培养模式的进程。2022年江苏省根据《省教育厅关于推进一流应用型本科高校建设的实施意见》(苏教高〔2021〕1号)和《省教育厅办公室关于做好2022年本科高校产教融合型一流课程申报工作的通知》(苏教办高函〔2022〕15号)等文件要求,立项建设了包括"审计学(CPA)"等课程在内的200门省级产教融合型一流课程,推动了产教融合课程建设的发展。通过引进先进设备和技术、完善实训基地建设以及与企业深度合作等措施,学校的课程教学质量得到了显著提升;学生在更加真实、贴近行业需求的实践环境中学习到前沿课程内容,其实践能力和创新精神能够得到有效培养。同时,产教融合课程建设作为教育改革的重要方向之一,得到了学校和企业的大力支持和投入。这种资源和人力投入推动了课程改革的进程,还为教育模式的创新提供了有力保障。通过产教融合的实践探索,教育界和企业界共同推动了人才培养模式的创新和发展。

7.1.3 产教融合课程建设的管理体制逐步完善

目前，不少高校和企业已经在产教融合管理体制方面进行了积极的探索和实践，具体分析如下。

（1）管理机构设置情况。很多学校为了深化产教融合，已经成立了专门的管理部门或委员会。这些机构通常由学校内部多个部门联合组成，包括教务处、学生处、就业指导中心等，以确保能够全面、高效地与企业进行对接。这些管理机构不仅负责日常的沟通协调工作，还承担起课程建设和人才培养方案的制定与执行。通过这样的机构设置，学校能够更加有针对性地与金融企业展开合作，促进教育资源的优化配置。同时，企业方面也积极响应，设立了相应的对接机构。这些机构通常由企业的人力资源部门或者技术部门负责，以确保与学校的合作能够顺利进行。企业对接机构的设立，不仅提高了双方合作的效率，还有助于企业更加精准地运用学校的教育资源和把握正确的人才培养方向。

（2）管理流程与沟通渠道。在产教融合课程建设中，管理流程与沟通渠道是否畅通直接关系到合作的成效。目前，许多学校和金融企业已经建立起了相对完善的管理流程和沟通机制。双方通过定期的会议、研讨会以及线上交流平台等方式，保持密切的沟通与联系，如邱懿（2024）提出依托共同体产业优势，构建校企课程联合开发机制和联编教材机制。这些沟通渠道不仅有助于及时解决课程建设和合作过程中出现的问题，还能够促进双方在课程建设和人才培养方面的深入交流。然而，在实际操作中，管理流程与沟通渠道也面临着一些挑战。例如，由于学校和金融企业分属于不同的系统，双方在管理理念、工作方式等方面可能存在差异，这些差异有时会导致沟通不畅或者管理上的摩擦。如何进一步优化管理流程、拓宽沟通渠道，仍是当前需要关注的问题。

（3）合作过程中的管理难点。在课程安排方面，学校和金融企业可能存在不同的需求和期望。学校更注重课程的系统性和完整性，而金融企业则更关注课程的实用性和针对性，这种差异可能导致双方在课程安排上产生一定的分歧。在教学实施过程中，双方的教学资源和教学方法存在差异，也可能导致一些管理上的难点。学校和金融企业对于课程质量的评价角度和标准可能不同，这需要在合作过程中进行充分的沟通和协商。随着产教融合课程建设的深入进行，涉及的知识产权保护和利益分配问题也日益明显，如何保护各自的知识产权是当前管理体制中需要关注的重要问题。

7.1.4 产教融合课程建设的政策支持力度逐渐增大

中央和地方政府相继出台了一系列优惠政策和措施来鼓励和支持产教融合课程建设，如提供财政补贴和税收优惠等经济激励措施来降低企业参与成本，制定相关法规和标准来规范双方合作行为，以及搭建信息共享和交流平台来促进双方资源共享和优势互补等。

（1）经济激励政策的实施。为了鼓励企业积极参与产教融合课程建设，政府提供了多种经济激励措施。其中，财政补贴和税收优惠是最为直接且有效的手段。通过为企业提供一定的财政补贴，政府降低了企业参与产教融合的成本，从而提高了企业的积极性。同时，税收优惠政策也进一步减轻了企业的经济负担，使得企业能够更加专注于与学校的合作，共同推进课程建设。据统计，受益于这些经济激励政策，越来越多的企业开始主动寻求与学校的合作，共同开展产教融合项目。这种趋势不仅有助于提升教育质量，还为企业培养了符合自身需求的高素质人才，实现了教育与产业的良性互动。各地根据其实际情况，也纷纷制定推动产教融合的相关政策，如潍坊市深入推进产教融合先行先试，对企业提供了金融扶持、税收优惠、土地保障、信用激励，从而为校企合作注入动力，也有效地支撑了产教融合课程建设的开展。

（2）政策法规与标准的制定。为了规范产教融合课程建设中的合作行为，保障双方的权益，政府还制定了一系列相关政策法规和标准，如《国务院办公厅关于深化产教融合的若干意见》（2017）、《国家产教融合建设试点实施方案》

第7章 数智转型下高校金融类产教融合课程建设研究

（2019）、《现代产业学院建设指南（试行）》（2020）等，这些法规和标准明确了学校和企业在合作过程中的权利和义务。同时，相关法律法规也在不断完善，在法规的约束和引导下，学校和金融企业能够更加明确各自的责任边界，从而更加顺畅地开展合作和课程建设。

（3）信息共享和交流平台的搭建。为了更好地促进学校和企业之间的资源共享和优势互补，政府还积极搭建信息共享和交流平台。这些平台不仅为学校和企业提供了一个展示自身优势和需求的窗口，还为他们提供了一个相互学习、交流经验的渠道。通过这些平台，高校可以更加了解企业的实际需求和行业发展趋势，从而调整课程设置和教学方式，更好地培养出符合社会需求的人才。同时，企业也能够更加深入地了解学校的教育资源和人才培养方向，从而更加精准地投入产教融合课程建设中。为推进信息共享和交流平台的搭建，教育部于2014年启动实施"校企合作专业综合改革项目"，以产业和技术发展的最新需求推动高校人才培养改革；2016年，教育部实施了"产学合作协同育人项目"，并设有教学内容和课程体系改革项目，企业参与积极性不断增强，在2019年，企业设立项目数为14 951项，有效推动了产教融合课程建设的发展（吴明晖 等，2021）。

（4）政府资金投入的持续增长。政府对产教融合课程建设的投入不仅体现在政策制定上，更体现在真金白银的投入上。统计数据显示，在过去几年中，政府对产教融合项目的投入资金逐年增加，且增长幅度较大。这些资金主要用于支持学校和企业开展合作项目、建设实训基地以及提升教师教学能力等方面。2024年4月10日，《关于下达2024年支持地方高校改革发展资金预算的通知》（财教〔2024〕56号）共下拨4 038 740万元资金支持地方高校发展，并对资金使用范围进行了规划。2024年8月7日发布的《中国（上海）自由贸易试验区临港新片区关于支持产教融合发展的若干政策意见》（2024—2027）对于产教融合示范基地新建项目，予以不超过项目总投资（不含土地成本）20%的资金支持，单个项目支持金额上限为2 000万元；对于产教融合示范基地改扩建项目（通过改扩建、局部装修改造、完善设施设备等方式提升存量产教融合场地空间与功能），予以不超过改扩建总投资20%的资金支持，单个项目支持金额上限为1 000万元。资金的持续投入为产教融合课程建设提供了有力的物质保障，使得学校和企业能够更加专注于课程建设和人才培养。同时，这也为高校产教融合课程建设的长远发展奠定了坚实的基础。

（5）政府推动的深度交流与合作。政府通过举办产教融合论坛、研讨会等活动推动了高校和企业之间的深度交流与合作。这些活动不仅为学校和企业提供了一个展示和交流的平台，还为他们提供了一个共同探讨产教融合未来发展方向的机会。通过这些活动，高校和企业能够更加深入地了解双方的需求和期望，从而更加紧密地开展课程建设以及其他合作活动，这为产教融合课程建设注入了新的活力和动力，推动了其向更高层次、更广领域的发展。

7.2 课程建设创新路径分析

7.2.1 校企双方共同编制教材

高质量教材建设是一流大学和一流学科建设的题中之义，是实现高素质人才培养和高质量教育教学的主要抓手（李健 等，2024）。在当今快速变化的职业教育领域中，校企合作的深度与广度直接影响到教育质量与人才输出的契合度。教材作为知识传递与技能培养的重要载体，其内容的时效性、实用性和前瞻性直接关系到学生的职业竞争力和企业的用人满意度。因此，校企双方共同编制教材，不仅是对传统教学模式的革新，更是促进教育与产业无缝对接、培养符合市场需求的高素质技能型人才的必由之路。在教材建设过程中，需要坚持政治导向原则、中国特色原则和科学性原则，并从四个方面发力：提高政治站位以落实立德树人根本任务；提高学术站位以完善教材学理体系；持续修改完善以打磨精品教材；建好配套资源以增强教学适用性（李健 等，2024）。

第7章 数智转型下高校金融类产教融合课程建设研究

7.2.1.1 对教材的需求进行分析

（1）行业趋势洞察。校企双方在合作之初，首要任务是共同进行行业趋势的深入洞察。这包括分析国内外行业动态、技术发展趋势、政策导向以及未来市场需求变化等。通过收集行业报告、参与行业会议、与行业协会交流等多种渠道，获取第一手信息，为教材编制提供宏观指导。如2016年10月成立的"杉达—华钦学院"，其专业课教材1/3的内容都由企业参与其中：教材的理论部分按照教育部本科教学要求严格把控，而案例部分都由企业参与提供。

（2）企业用人标准解析。明确企业用人标准是教材编制的核心依据。校企双方需通过实地考察、问卷调查、专家访谈等方式，详细了解企业对岗位技能、职业素养、创新能力等方面的具体要求。特别是对于新兴行业和岗位，更要关注其特殊需求，确保教材内容的针对性和前瞻性。在数智时代，金融行业对交叉复合型人才的需求，不仅体现为要求学生具备人工智能、大数据分析应用能力，而且还要求有一定的STEM素养（Science、Technology、Engineering、Mathematics，STEM），以强化金融类学生在数智时代的适应能力。

（3）学生能力需求分析。不能忽视对学生能力需求的全面分析，包括学生的知识基础、学习特点、职业兴趣及未来发展规划等。通过问卷调查、座谈会、学生访谈等形式，收集学生意见，结合企业需求，共同确定教材应重点培养的能力维度，如理论知识、实践技能、团队协作能力、问题解决能力等。特别地，在教材需求分析时，要注重数智素养的内容嵌入。ChatGPT-4、Megatron-Turing等生成式人工智能模型能够有序嵌入数字素养教育领域，通过汇集使用内容丰富的训练数据，搭建教学框架和内容，从而将数字素养知识标注体系引入数字教材中，实现数字素养教学资源的智能处理（雷晓燕 等，2023）。

7.2.1.2 组建编制团队

组建编制团队，并充分以数智技术等新兴科技赋能团队。

（1）团队构成多样化。教材编制团队可由高校教师、企业专家及行业代表三方共同组成，形成优势互补、协同工作的工作机制。高校教师具备扎实的学科基础和丰富的教学经验，能够确保教材内容的系统性和逻辑性；企业专家则熟悉金融行业动态和金融企业需求，能够提供实践经验和真实案例；行业代表则能带来行业视角和前沿信息，增强教材的时代感和实用性。

（2）团队培训与磨合。在团队组建后，还需进行必要的培训和磨合。通过团队建设活动、工作坊、研讨会等形式，增进团队成员之间的了解与信任，明确各自职责和分工，建立有效的沟通机制和协作流程。此外，应加强团队成员对行业动态、技术发展及教材编制理念的学习，提升团队整体素质和编制能力。

（3）加强教育大模型等新兴科技的赋能。在团队组建和工作过程中，可借助教育大模型，实现人机融合共同开发教材。在全球范围内，教育大模型正进行广泛深入的发展，在模型性能、应用场景等方面已有比较明显的优势（表7-1），"通用＋微调"的技术路径能够实现对特定学科知识的有效构建和问答。在坚持正确价值引领前提下，高校应加快研制数字教材标准与规范，创新数字教材知识传递功能，开发数字教材智能导学功能，从技术层面以低边际成本和高效率运行方式满足海量数字化教育资源生成需求，更好服务于高等教育人才培养目标实现（李辉 等，2024）。

表7-1　教育大模型典型应用案例

序号	解决方案	研发单位	采用的大模型	场景类型
1	星火语伴	科大讯飞	星火认知大模型	语言学习
2	EmoGPT	华东师范大学	自研大模型	心理疏导
3	MathGPT	好未来	自研大模型	数学学习
4	智海—三乐	阿里云	通义千问	AI 知识学习
5	Khanmigo	可汗学院	ChatGPT-4	多学科学习

资料来源：《教育大模型的发展现状、创新架构及应用展望》（曹培杰 等，2024）。

第7章 数智转型下高校金融类产教融合课程建设研究

7.2.1.3 优化课程内容

（1）理论知识体系构建。教材内容要充分彰显教材的国家性，知识内容要坚持正确立场，全面贯彻落实立德树人根本任务。教材的理论知识体系应全面覆盖学科基础知识，同时注重知识的系统性和逻辑性。在内容选取上，既要遵循学科发展规律，又要兼顾企业实际需求，通过引入行业最新研究成果和技术动态，使教材内容保持前沿性和时代感。同时，注重知识的层次性和递进性，满足不同层次学生的学习需求。应用型本科高校的"显性课程"开发着重于"产"与"教"融合，吸收学科与行业优势资源，以及前沿科研成果，建设一批应用型、研究性课程；"隐性课程"资源开发可以来自地域、校园文化环境潜移默化地熏陶，或是特定价值观、教育经验或行为规则等，如浙江台州民营经济研究、温商文化、嘉兴红船精神等课程；"空白课程"开发要挖掘学科体系外的有利于学生身心发展、提升综合能力等资源，比如融入浙江省"小微企业三年成长计划"，开发创新创业孵化项目课程等（李银丹 等，2020）。

（2）实践操作环节强化。实践是检验真理的唯一标准。在教材编制过程中，应高度重视实践操作环节的设计。结合企业实际案例和生产线场景，设计贴近生产一线的实训项目。通过模拟真实工作环境、提供实训设备和工具、制定详细的操作步骤和评价标准等方式，帮助学生将理论知识转化为实践技能。同时，注重培养学生的创新思维和问题解决能力，鼓励他们在实践中探索和创新。

（3）教材形态的创新。充分运用数字技术创建数字教材等新形态教材，如在构建知识图谱基础上，构建多模态学科知识图谱（Multi-Modal Disciplines Knowledge Graph，MMDKG），依托MMDKG支撑数字教育资源平台，实现细粒度的教学资源切分、识别与关联，将文本、图像、视频等多模态数据与金融专业知识点或教育资源关联，实现数字教材的"知识图谱""能力图谱""价值图谱"三位一体协同发展（Pu 等，2023；罗江华 等，2023；吴砥 等，2023）。

（4）职业素养与综合能力培养。除了专业知识和实践技能外，职业素养和综合能力也是企业用人的重要考量因素。因此，在教材编制中应融入职业素养教育和综合能力培养的内容。通过案例分析、角色扮演、团队合作等方式，引导学生树立正确的职业观、价值观和道德观；通过项目式学习、跨学科整合等方式，提升学生的团队协作能力、沟通能力和创新能力等综合能力。

7.2.1.4 教材评审与修订

（1）专家评审与反馈。教材初稿完成后，应组织由行业专家、教学专家及企业代表组成的评审团进行评审。评审过程中，应充分听取专家意见和建议，对教材内容的科学性、实用性、前瞻性和权威性进行全面评估。针对评审反馈中提出的问题和建议，及时组织团队成员进行研讨和修改。

（2）广泛征求意见。除了专家评审外，还应通过问卷调查、座谈会等形式广泛征求师生、企业及其他利益相关方的意见和建议。特别是要关注学生对教材的接受度和满意度，确保教材内容符合学生实际需求和学习特点。同时，积极吸纳各方建议，不断完善教材内容。

（3）动态更新机制建立。随着金融行业发展和技术进步的不断加快，教材内容也需要及时更新和补充。因此，应建立教材动态更新机制，定期组织专家对教材进行复审和修订。同时，鼓励教师和学生积极参与教材更新工作，通过持续更新和完善教材内容，确保教材始终与产业发展同步、与市场需求接轨。

校企双方共同编制教材是一项复杂而系统的工程，需要双方深入合作、共同努力。通过精准的需求分析、组建优秀的编制团队、设计科学合理的教材内容以及建立有效的评审与修订机制等措施，可以编制出既符合金融企业需求又满足学生发展要求的优质教材。这样的教材不仅能够提升学生的职业竞争力和就业能力，还能够为企业输送更多高素质应用型金融人才，促进高等教育与行业的共同发展。

7.2.2 创建以虚拟教研室为平台的课程开发新生态

虚拟教研室是信息化时代为全面提高教师教书育人能力进行的新型基层

第7章　数智转型下高校金融类产教融合课程建设研究

教学组织建设的重要探索，如中央财经大学牵头建设的金融科技专业虚拟教研室是教育部首批虚拟教研室，由东部、中部和西部15所高校联合申报，已建成金融科技专业优质教学资源共享机制，成为虚拟教研室的典型代表。为了更有效地对接市场需求，培养符合时代要求的高素质人才，通过虚拟教研室建立校企合作平台，共同开发教材，是一种前瞻性的教育模式创新。

7.2.2.1　以平台建设打造数字化合作桥梁

（1）技术架构与功能设计。虚拟教研室校企合作平台应基于云计算、大数据、人工智能等现代信息技术构建，确保平台具备高可用性、可扩展性和安全性。平台功能设计需全面覆盖资源共享、在线交流、远程教学、项目协作等多个维度，以满足校企双方多样化的合作需求。具体而言，平台应支持教学资源的上传、下载、分类管理；提供在线论坛、视频会议等交流工具，促进校企双方的即时沟通与深度对话；支持远程直播授课、录播回放等功能，打破地域限制，实现优质教育资源的广泛共享。

（2）用户界面与体验优化。平台的用户界面应简洁友好，符合用户习惯，确保不同技术水平的用户都能轻松上手。通过智能推荐、个性化设置等功能，提升用户体验，增强用户黏性。同时，平台应建立完善的反馈机制，及时收集用户意见，不断优化平台功能和服务质量。

7.2.2.2　以资源整合构建共享生态体系

（1）教学资源与实践资源的深度融合。在虚拟教研室校企合作平台上，高校的教学资源与企业的实践资源得以深度整合。高校教师可以上传精心制作的教学课件、视频资料、在线课程等，涵盖基础理论知识、学科前沿动态等内容，供金融企业员工自主学习或作为企业内部培训材料。

（2）企业可以通过平台分享生产一线的真实案例、项目数据、技术标准等实践资源，帮助学生了解行业实际运作，增强学习的针对性和实效性。

（3）持续更新资源库。为了确保资源的时效性和前沿性，平台应建立共建共享资源库的持续更新机制。校企双方可定期评估资源质量，淘汰过时内容，补充新兴技术和行业动态。同时，鼓励师生和企业员工积极贡献自己的知识成果和实践经验，不断丰富资源库内容，形成良性循环的共享生态体系。

7.2.2.3 通过互动交流，激发思想碰撞与智慧火花

（1）建立定期交流机制。通过虚拟教研室校企合作平台，校企双方可以建立定期交流机制，如线上研讨会、专题讲座、经验分享会等。这些活动旨在促进教师与企业专家的深入交流，共同探讨教学中的难点、热点问题以及金融行业发展趋势和技术创新方向。通过思想碰撞和智慧火花的激发，为教材开发和人才培养提供新思路、新方法。

（2）构建和维护互动社区。平台还应构建活跃的互动社区，鼓励师生和企业员工积极参与讨论、提问和回答。通过设立不同的话题板块和兴趣小组，引导用户围绕特定主题进行深入交流和合作。同时，平台应建立有效的激励机制，如积分奖励、荣誉证书等，激发用户的参与热情和创造力。

7.2.2.4 通过协同育人，实现人才培养的全过程协同

（1）人才培养方案与课程体系的共同制定。在虚拟教研室校企合作平台上，学校和企业可以共同制定人才培养方案，明确培养目标、课程设置、教学要求等关键要素。通过深入交流和协商，确保人才培养方案既符合学校的教育理念和教学标准，又贴近企业的实际需求和行业标准。同时，校企双方还可以共同设计课程体系，将理论知识与实践操作紧密结合，形成具有鲜明特色的课程体系。

（2）教学活动与实习实训的有机结合。利用平台优势，校企双方可以开展丰富多彩的教学活动，如在线课程、项目式学习、虚拟仿真实验等。这些活动旨在提升学生的综合素质和创新能力，为未来的职业发展奠定坚实基础。同时，企业可以为学生提供实习实训机会，让学生在真实的工作环境中锻炼能力、积累经验。通过校企双方的紧密合作和共同努力，实现人才培养的全过程协同。

第7章　数智转型下高校金融类产教融合课程建设研究

（3）技术支持与智力支持的双向赋能。在协同育人的过程中，高校可以为企业提供技术支持和智力支持。学校可以组织专家团队为企业解决技术难题、提供技术咨询和培训服务；可以与企业合作开展科研项目攻关、推动技术创新和产业升级。同时，企业也可以为学校提供实践基地、实习岗位等资源支持，助力学校提升教学质量和办学水平。通过这种双向赋能的方式，实现校企双方的互利共赢和共同发展。

7.2.3　打造虚拟仿真实验类金课

随着科技的快速发展，虚拟仿真技术在教育领域的应用日益广泛。特别是在实验课程中，虚拟仿真技术以其独特的优势，为学生提供了一个逼真且安全的实验环境。下面，本书从技术选型、课程设计、教学实施、金课建设和效果评估五个方面，探讨高质量的虚拟仿真实验类金课的建设路径。

7.2.3.1　选用虚拟仿真相关技术

技术选型是打造虚拟仿真实验金课的第一步，它直接关系到课程的质量和学生的学习体验。在选择技术时，需要根据金融类实验课程的具体需求和特点进行综合考虑。

（1）虚拟现实（VR）技术。VR技术能够为学生创造一个完全沉浸式的实验环境，使学生仿佛身临其境。这种技术特别适用于那些需要高度模拟真实场景的实验。

（2）增强现实（AR）技术。与VR不同，AR技术是将虚拟信息叠加到现实世界中，使学生能够在现实环境中与虚拟对象进行交互。这种技术适用于需要在现实基础上进行扩展或增强的实验内容。

（3）云计算和大数据技术。这两种技术为实验数据的处理和分析提供了强大的支持。通过云计算，可以实现实验数据的快速存储和计算；而大数据技术则可以帮助我们从海量的实验数据中挖掘出有价值的信息，为实验教学提供更有针对性的指导。

7.2.3.2 课程设计

课程设计是虚拟仿真实验金课的核心环节。一个好的课程设计不仅能够涵盖实验原理、操作步骤和数据分析等关键环节，还能够确保学生在虚拟环境中顺利完成实验操作并掌握相关技能。

（1）实验原理的阐述：在课程设计中，首先需要明确实验的原理和目的，帮助学生建立起对实验的整体认识。

（2）操作步骤的细化：为了确保学生能够顺利进行实验，需要将实验步骤进行详细的划分和说明，包括每一步的具体操作、注意事项以及可能遇到的问题等。

（3）数据分析的引导：在实验结束后，我们需要引导学生对金融数据进行深入的分析和讨论，帮助他们从中提炼出有价值的信息和结论。

7.2.3.3 教学实施

在教学实施过程中，教师应充分利用虚拟仿真平台的优势，通过模拟真实场景、设置故障点等方式激发学生的学习兴趣和探究欲望。同时，教师还可以利用平台的实时反馈和数据分析功能帮助学生及时发现并纠正错误。

（1）互动式教学：教师可以通过提问、讨论等方式与学生进行互动，引导学生积极思考并参与到实验中来。

（2）探究式学习：教师可以设置一些开放性的问题或任务，鼓励学生通过自主探究来解决问题并完成任务。

（3）反馈与调整：在课程教学中，教师应及时给予学生反馈并根据学生的表现对教学策略进行调整以确保教学效果达到最佳状态。

7.2.3.4 建立结合现实情境的高度仿真金课

在当今数字化时代，建立结合现实情境的高度仿真金课不仅可以为学生提供更加真实、生动的学习环境，还能够有效地提升他们的实践能力和创新思维。为了成功构建这样的金课，可从以下几个方面进行深入探讨和实施。

第 7 章　数智转型下高校金融类产教融合课程建设研究

（1）设计逼真的虚拟环境是提升学习效果的关键。借助先进的虚拟仿真技术，可以为学生打造一个高度逼真的实验环境。这个环境应能精确模拟真实的实验操作过程，包括设备的外观、操作界面以及实验过程中可能出现的各种现象。在这样的虚拟环境中学习，学生仿佛置身于真实的实验场景中，能够更加直观地理解各类金融实验原理和操作步骤，从而极大地提升学习效果。

（2）引入实际案例是不可或缺的一环。通过结合企业的实际案例，让学生在虚拟环境中进行实验操作，可以进一步增强他们的实践能力。学生将有机会接触到真实行业中的问题和挑战，并运用所学知识去解决这些问题。这种以问题为导向的学习方式，不仅能够激发学生的学习兴趣和动力，还能够让他们更好地了解行业的实际需求，为未来的职业发展奠定坚实基础。在数智时代，金融业务操作的相关工作很大概率会被人工智能所代替，通过实际案例的仿真实验，可培养学生在复杂环境中的决策能力，从而提升其竞争力。

（3）在虚拟实验中强化互动与反馈机制也是至关重要的。通过实时的互动和反馈功能，学生可以在操作过程中及时获得指导和帮助。当他们在实验中遇到问题时，可以迅速得到解答和引导，从而避免在错误的方向上浪费时间和精力。同时，教师还可以根据学生的操作情况给予针对性的评价和建议。这种个性化的教学方式能够更好地满足学生的需求，帮助他们更加高效地掌握知识和技能。

7.2.4　构建行业联动的课程实践体系

在当前的高等教育体系中，课程实践学时的重要性日益凸显。为了有效地将理论知识与实践相结合，提升学生的职业素养和实际操作能力，行业实习成为了一种非常有效的途径。通过行业实习，学生可以在真实的工作环境中应用所学知识，加深对专业的理解，并为未来的职业生涯做好充分准备。

（1）应以实习基地建设推动课程建设。学校核心课程的设置必须符合企业对人才及其专业技能的要求，课程设置过程不能闭门造车，要积极了解企业方的需求（谢常绿 等，2016）。实习基地建设是实现高质量行业实习的基础。高校与企业签订详细的合作协议，明确双方的权利和义务，有助于保障实习的顺利进行，并在出现问题时有明确的解决方案。共建实验室、实训中心等，可提升实习基地的硬件条件，为学生提供更加接近真实工作环境的实践场所。学校可以选派优秀教师到企业挂职锻炼，这样不仅可以提升教师的实践能力，还能增强教师与企业的联系，为后续的合作打下坚实基础。同时，企业也可以派遣经验丰富的员工到学校进行授课或指导，将最新的行业动态和实践经验传授给学生。通过完善实习基地的合作，双方可以将实习过程中的经验形成教材，或者可以拓展课程教学内容，从而推动课程建设。

（2）根据课程教学内容制订实习计划。实习计划的制订是确保实习效果的关键环节。在制订实习计划时，首先，应充分考虑专业特点和课程要求，明确实习目标、任务和要求。这样可以使学生在实习过程中有的放矢，更好地将理论知识与实践相结合。其次，要合理安排实习时间和地点。实习时间应充分考虑金融专业学生的学习进度和金融企业的实际需求，确保学生在实习期间能够获得充分的实践机会。如西安电子科技大学创新创业学院开设了"金融名企实训课程"等课程，课程教学内容包括上市公司研习、产品发布会活动、香港金融产品及工具、现金投资比赛活动等，通过开展实践训练，结合上市公司实例，课程完成金融企业经营管理核心业务实践，培养学生对新兴技术、商业模式的认知，提升数智商业认知和数智化技术应用。再次，实习地点的选择也应尽可能多样化，以便学生接触不同的工作环境和业务领域。最后，确定指导教师和企业导师人选也是实习计划中的重要一环。指导教师应具备丰富的实践经验和教学能力，能够在实习过程中给予学生有效的指导和帮助；企业导师则应选择具有丰富工作经验和良好沟通技巧的员工，以便更好地引导学生融入企业环境，提升职业素养。

（3）实习过程管理。实习过程的管理和指导对于确保实习效果至关重要。在实习过程中，指导教师和企业导师应定期与学生沟通，了解实习进展和遇到

第7章 数智转型下高校金融类产教融合课程建设研究

的困难。通过及时的沟通和反馈，可以帮助学生更好地适应实习环境，解决遇到的问题。同时，指导教师和企业导师还应及时解答学生的疑问并提供必要的帮助。这不仅可以提升学生的实践能力，还能增强他们的自信心和归属感。在实习过程中，还应督促学生按时完成实习任务并提交实习报告。实习报告的撰写和提交，可以培养学生的总结能力和反思精神，为后续的学习和工作打下坚实基础。

（4）实习成果展示与分享。实习结束后，组织学生进行成果展示和分享活动是非常重要的。展示实习成果和分享实习经验，不仅可以增强学生的自信心和成就感，还能促进他们之间的相互学习和共同进步。在成果展示环节，学生可以展示自己在实习过程中参与的项目、解决的问题以及取得的成果等。这不仅可以检验学生的实习效果，还能激发他们的创新意识和团队协作精神。在分享环节，学生可以交流实习过程中的心得体会、遇到的挑战以及解决方法等。通过交流和互动，可以促进学生之间的思想碰撞和经验共享，为他们的全面发展提供有力支持。部分优秀成果可以进入课程教学内容，从而进一步优化教材或课程体系建设。

7.3 本章小结

数智转型下，基于产教融合的金融类课程建设是一项系统工程，需要校企双方共同努力和密切配合。校企双方共同编制教材、建立虚拟教研室校企合作平台、开发虚拟仿真实验课程以及通过行业实习实现课程实践学时等具体举措，可以有效提升课程质量和人才培养效果，从而为金融行业发展提供有力的人才支撑和智力支持。

第8章　数智转型下高校金融类产教融合的教学方法改革研究

教学方法的改革与创新一直是教育领域不断探索的重要议题。本章深入探讨教学方法改革的特点与趋势，并探索基于数智技术的教学方法创新策略，包括人工智能、生成式人工智能（AIGC）技术和大数据技术在教学中的应用等，以期为推动金融高等教育教学水平的提高提供参考。

8.1 教学方法改革的特点和趋势

8.1.1 教学方法改革的特点

在金融行业和高等教育的数字化和智能化转型背景下，高校课程教学方法改革的技术发展趋势主要体现在以下几个方面。

（1）互动性增强。随着技术的发展，高校课程教学方法正逐渐变得更有互动性。传统的以教师为中心的讲授方式正在被以学生为中心的互动式学习方式所取代。例如，通过小组讨论、案例分析、项目实践等教学手段，教师可以激发学生的学习兴趣，培养他们的创新能力和解决问题的能力。这些互动性强的教学方法不仅使课堂教学更加生动有趣，还能有效提高学生的参与度。

（2）信息技术融合。信息技术在高校课程教学方法中的应用越来越广泛。例如，多媒体教学、网络教学平台等信息技术手段，为教学提供了更加丰富的资源和更加便捷的交流方式。利用信息技术，构建覆盖全学科全链条课程资源的"空中课堂"，打造智能化、数据化、浸润式、虚拟化的融合课堂。通过数智技术，高校教师可以更加直观地展示教学内容，学生可以更加便捷地获取知识，从而提高了教学效果。

（3）个性化教学。随着大数据和人工智能技术的发展，高校课程教学方法逐渐向个性化教学转变。通过对学生的学习行为、兴趣爱好等数据进行分析，教师可以根据学生的学情，为每个学生提供更加精准的教学方案，从而满足学生的个性化需求。这种个性化教学方法有助于提高学生的学习效果和满意度。

（4）混合式教学。混合式教学是高校课程教学方法改革的另一个重要趋势。混合式教学结合了传统课堂教学和在线教学的优势，通过线上线下相结合的方式，为学生提供更加灵活、多样化的学习方式。这种教学方法不仅可以提高学生的学习效果，还能培养学生的自主学习能力和团队协作能力。

8.1.2 教学方法改革的相关技术

在数智转型趋势下，相关数智技术推动了教育教学方法的改革。

（1）增强现实（AR）和虚拟现实（VR）技术的应用。利用AR和VR技术创造身临其境的学习体验，使学生能够探索虚拟世界并参与模拟程序，这已经成为教育技术的新兴趋势。这类技术特别适用于高校教育中的模拟实验、模拟操作等实践教学环节。

（2）元宇宙技术。工信部、教育部等五部门联合印发《元宇宙产业创新发展三年行动计划（2023—2025年）》，强调"推进构建虚拟教室、虚拟实验室等教育教学环境，鼓励通过平台共享虚拟仿真实验实训资源，扩大优质教育资源覆盖面"，在教学过程中，运用元宇宙技术，将游戏设计元素融入教育环境，旨在使学习变得更加有趣，以增强学生学习的积极性，并帮助学生培养知识运用技能。

（3）可穿戴技术的整合。可穿戴技术，如智能手表和VR耳机，正在被越来越多地用于教育领域。学生可以通过这些设备收听音频讲座、接收课堂通知等，实现更加便捷和高效地学习。

第8章 数智转型下高校金融类产教融合的教学方法改革研究

（4）大数据技术的应用。大数据技术能够分析学生的多样化学习数据，如作业成绩、在线学习时长等，从而更全面客观地评估学生的学习情况。此外，大数据还能帮助教师发现和改进教学中的问题，优化教学方法和内容。

（5）智能化集成学习平台的构建。通过在线智能化集成学习平台，学生可以进行小组讨论和项目合作，培养团队协作能力。同时，教师可以通过分析学生的学情数据和成果来提供更有效的教学。

8.2 基于组织方式的高校教学方法创新

在产教融合的过程中，从组织管理的角度进行教学方法创新，是改进教学方法、提升教育质量、培养学生实践能力的重要途径。以下是从组织管理的角度，结合当前教育教学新理念，提出的高校教学方法建议。

8.2.1 构建产教融合的教学组织形式

在产教融合的大背景下，构建一种新型的教学组织形式显得尤为重要。这种组织形式应深度融合高校与金融企业的资源，确保教育内容与社会需求紧密相连，从而为学生打造一个既贴近实际又富有挑战性的学习环境。以下是对构建产教融合教学组织形式的详细策略。

（1）建立校企合作的教学模式。高校应与金融企业建立长期、稳定的合作关系，共同制订培养计划。这意味着，在制定金融类专业课程内容和教学计划时，要充分考虑金融企业的实际需求和金融行业发展趋势。例如，可以定期举行校企合作会议，双方就人才培养方向、课程设置、实习安排等进行深入讨论，确保教学内容与行业需求无缝对接。金融企业应为学生提供实习机会和实践操作平台。这些平台不仅可以帮助学生将理论知识转化为实际操作能力，还能让他们在实际工作环境中体验金融职业和行业文化，提升职业素养。同时，学校应根据企业在实习过程中的反馈，灵活调整课程设置，使教学更加贴近实际。

（2）实行双导师制。校内导师主要负责理论教学，他们应具备深厚的专业知识和丰富的教学经验，能够为学生提供扎实的理论基础。企业导师则负责实践教学，他们通常是行业内的专家或资深从业者，能够为学生提供宝贵的职场经验和实际操作指导。双导师制要求校内导师和企业导师保持密切沟通，共同制订学生的培养计划。例如，可以定期举行导师交流会，讨论学生的学习进展和遇到的问题，确保理论教学与实践教学相辅相成。此外，双方还可以共同开发课程项目，让学生在解决实际问题的过程中提升综合能力。

（3）完善评价与反馈机制。在产教融合的教学组织形式中，应建立多元评价体系，包括学生的理论知识掌握情况、实践能力提升程度、职业素养等多个方面。这种评价体系不仅能更全面地反映学生的学习成果，还能为教学方法的改进提供有力依据。高校和金融企业应定期对学生的实习情况、学习成果等进行评估，并及时将评估结果反馈给学生和导师。这样，学生可以了解自己的不足并加以改进，导师也可以根据反馈调整教学策略，确保教学质量持续提升。

8.2.2 运用网络技术优化教学组织

在数字化时代，网络技术为教学组织带来了前所未有的便利与创新空间。通过运用网络技术，可以优化教学组织，实现更高效、更个性化的教学。

（1）充分利用在线教育平台。开发或引入优质的在线教育课程系统是关键。这一系统不仅能集中优秀教育资源，还能为学生提供自主学习的平台。具体实施时，应注重课程系统的用户体验，确保界面友好、操作便捷。同时，定期更新和优化课程内容，确保资源的时效性和专业性。教师可以通过这一平台发布课程、布置作业和进行测试，打破了传统课堂的时空限制，使学生能随时随地学习。教师还能利用大数据和人工智能技术，对学生的学习情况进行分析，为他们提供个性化的学习建议。

（2）建立学习社群。在网络技术的支持下，可以建立学习社群，鼓励学生、教师和企业导师在社群中进行交流和讨论。这种互动式学习方式不仅能激发学生的学习兴趣，还能提高学习效果。在社群中，学生可以提问、分享学习心得，

第 8 章　数智转型下高校金融类产教融合的教学方法改革研究

教师和企业导师则可以提供指导和建议。这种实时的互动反馈机制有助于学生及时解决学习中遇到的问题，增强学习的针对性和实效性。为了进一步提升社群的吸引力，可以定期举办线上活动，如专题讲座、学习竞赛等，增加社群的活跃度和凝聚力。

（3）创新教学方式。运用网络技术，还可以创新教学方式，如采用虚拟现实（VR）技术进行模拟实验，或者利用人工智能（AI）进行智能辅导等。这些新兴技术能为学生提供更加沉浸式的学习体验，帮助他们更好地理解和掌握知识。

8.2.3　实施数据驱动的教学管理

在产教融合的背景下，实施数据驱动的教学管理对于提升人才培养质量具有重要意义。以下是具体对策的详细阐述。

（1）全面收集教学数据。为精准把握教学状况，首先需全面收集各类教学数据。包括学生的学习数据，如作业完成情况、课堂参与度、在线学习时长等；教师的教学数据，如教学内容更新频率、教学方式方法、学生互动情况等；校企合作的反馈信息，如金融企业对学生实践能力的评价、学生对实习安排的满意度等。通过系统化的数据收集，为后续的数据分析提供丰富的基础资料。

（2）深度分析教学数据。收集到数据后，应运用大数据分析技术进行深入挖掘。通过对比不同学生群体的学习表现，找出影响产教融合学习效果的关键因素；分析教师的教学数据与学生学习成果之间的关联性，揭示有效的教学方法和策略；根据校企合作的反馈信息，评估金融实践教学环节的效果，以及金融企业对人才需求的实际状况。这些分析结果将为产教融合过程中教学方法的改进提供有力的数据支持。

（3）建立科学的教学评价体系。基于数据分析结果，可以构建一个更加科学、客观的教学评价体系。该体系应涵盖理论教学、实践教学以及校企合作等多个方面，确保对产教融合教学质量进行全方位的评估。通过设定合理的评价指标和权重，反映教学的真实情况，并为教师提供明确的改进方向。

（4）强化数据安全意识。在实施数据驱动的教学管理过程中，还需强化数据安全意识。建立完善的数据保护机制，确保教学数据的安全性和隐私性。同时，加强对教师和学生的数据素养培训，提升数据使用者对数据的敏感性和处理能力。

8.2.4　创新弹性教学方式

弹性教学，又称为灵活性学习或灵活性教学，是一种新型教学组织方式，旨在为学习者在学习时间、地点、资源、方法、活动以及学习支持等多个维度提供多样化的选择，并强调以学习者为中心。这一教学模式是信息社会人才培养模式改革的必然产物。具体而言，弹性教学组织主要体现在以下十个关键要素上：灵活的时间安排、多样的学习地点选择、重构的学习内容体系、丰富多样的教学方法、多维度的学习评价机制、贴合需求的学习资源、便利的学习空间配置、合理的技术应用整合、有效的学习支持体系，以及异质化的学生伙伴构成（黄荣怀 等，2023）。

在数智时代，以人工智能技术为支撑，学习者可以灵活选择学习时间。在产教融合人才培养过程中，通过弹性教学方式，教师教的活动和学生学的活动在时空上是分离的。该模式能适应学生灵活的时间投入，允许学生灵活支配时间，根据个人学习特点自我调节学习步调，实现4A（Anyone、Anytime、Anywhere、Anything）学习。弹性教学赋予学生根据个人需求、学习路径、课程定位、课程规模和范围来自主确定内容章节与顺序的权利，即通过内容模块化的方式重组教学内容。教师可以采用多种方法来组织学生学习，并通过汇报、小论文、团队项目等灵活多样的考评方式对学生进行评价。如西安电子科技大学围绕实验室团队、学科团队、科研团队、专业建设团队、学位点申报团队等5种典型教师团队，打造虚拟团队数据聚合平台，模拟汇聚团队成员相关数据，以互补效应快速建立和优化教学团队，努力满足学生多样化、个性化、精准化

第8章　数智转型下高校金融类产教融合的教学方法改革研究

的学习需求（教育部简报〔2023〕第43期）。因此，在数智时代，在产教融合教学过程中，教师可以运用人工智能和大数据分析技术进行学情分析，形成有效的学习支持，并且可以根据学生的学习状况，提供个性化和差异化的教学。

8.2.5　强化实践教学环节

加强实践教学环节的创新是教学方法创新的重要途径，一方面，应完善校内实习机制，另一方面，应开展项目式学习。

（1）完善校内实习机制。在产教融合的大背景下，完善校内实习机制尤为重要。首先，为了使学生在校期间就能积累实际工作经验，高校应与金融企业深度合作，共同建立校内实习基地。在建设过程中，应选择业内领先的金融企业或契合高校金融专业定位的金融企业作为合作伙伴，共同打造实习基地。通过引入金融企业的真实项目和案例，让学生在实践中学习、在挑战中成长。金融企业导师将定期到校内进行指导，分享行业前沿知识和实践经验，帮助学生更好地了解职业和行业需求，提升职业素养。其次，为了确保实习机制的有效性，应建立完善的管理和评价体系。高校设立专门的实习管理部门，负责与金融企业沟通协调，确保实习计划的顺利实施。同时，还应制定详细的实习大纲和评价标准，对学生的实习过程进行全面、客观的评价，以便及时发现问题并进行改进。

（2）开展项目式学习。为了进一步提升学生的实践能力和创新思维，应结合金融企业实际需求，开展项目式学习，以学生为中心，以项目为载体，让学生在解决问题的过程中主动探索、实践和创新。高校与金融企业共同设计具有挑战性的项目任务，确保项目内容既符合金融行业发展趋势，又能体现金融企业的实际需求。在项目实施过程中，学生将在校内外导师的指导下，自主组建团队、制订计划、实施方案并展示成果。通过这一过程，金融专业学生不仅能够提升实践技能，还能培养团队协作、沟通交流等综合能力。例如，嘉兴大学金融数学专业对大四学生进行2~3个月的实训，在实习过程中，学生进入企业采用模拟企业管理方式，让学生以团队合作的形式，在真实的企业运营环境下完成一个完整项目的开发、制作过程，有效解决了如何实现理论教学与实验（践）教学衔接的问题，培养了具有社会责任感、创新创业精神和国际视野的高素质应用型、复合型专业技术人才。

完善校内实习机制和开展项目式学习是产教融合人才培养的重要举措。通过与企业深度合作、共同设计实习项目和建立完善的管理评价体系，高校可以为学生提供更加贴近实际、更具挑战性的学习环境，帮助他们更好地适应未来金融行业的发展以及完善个人职业的规划。

8.3 基于数智技术的教学方法创新

8.3.1 基于人工智能技术的教学方法创新

随着人工智能技术的不断发展，其在高校教学方法创新中的应用也日益广泛。人工智能对于教育而言不是一般的策略性问题，而是成为了决定教育高质量发展的"战略性、全局性问题"（Wu，2023）。高等教育需要充分发挥信息技术在课程教学中的作用，

（1）教学资源智能化整合与分类。人工智能技术可以对产教融合过程中海量教学资源进行有效整合和分类。系统能根据学生的需求和反馈情况，优化并提供相关资源进行学习。这种智能化的教学资源管理，不仅提高了教学资源的利用效率，还能更好地满足学生的个性化学习需求。

（2）学习路径智能化推荐。基于人工智能技术的学习路径智能化推荐系统，能够根据学生的学习情况，为其提供智能化的学习路径。通过监控和分析学生的学习行为，系统可以精准推送适合自身的学习资源，从而帮助学生更快、更有效地进步。

（3）智能教学助手与辅导系统。人工智能技术可以为高校教育提供智能教学助手，这些助手在教学过程中能帮助教师实现更好的教学效果。例如，通过分析学生的学习数据和行为，智能教学助手可以为学生提供有针对性的学习

建议，并根据学生的反馈进行动态调整。利用自然语言处理和深度学习技术的智能辅导系统，能够为学生提供个性化的辅导服务。这类系统能够理解学生的问题，并给出相应的解答和建议，从而减轻教师的负担，并让学生在任何时间、任何地点都能获得帮助。

（4）智能评估与管理。AI技术可以自动批改作业和试卷，大大减轻了教师的工作负担。同时，通过对学生试卷的大数据分析和处理，教师可以快速了解学生的学习情况，从而提高教学效率。人工智能技术可以通过对学生以往的学习表现进行数据分析，预测学生成绩，进而为教师提供科学的教学建议和指导。此外，通过对学生平时的学习情况进行监控和分析，系统可以提前发现学生的学习问题，并及时进行处理和纠正。

8.3.2 基于 AIGC 技术的教学方法创新

利用 AIGC 对高校教学方法进行创新，可以从以下几个方面入手。

（1）个性化教学方案的设计。AIGC 技术能够通过大数据分析和智能生成，根据每个学生的学习特点和需求，量身定制个性化的学习方案。这不仅可以提高产教融合过程中学生的学习兴趣和积极性，还能更有效地满足他们的学习需求。通过 AIGC 技术，教师可以为每个学生提供独特的教学路径，从而最大化地提升学习效果。

（2）教学内容自动生成与智能推荐。借助 AIGC 技术，教师可以实现教学内容的自动生成和智能推荐。这意味着，根据学生的学习进度和反馈信息，系统可以动态地调整教学内容，确保信息的传递更加精准和高效。此外，智能推荐功能还能为学生提供与其学习风格和兴趣相匹配的学习资源，进一步增强产教融合过程中学生学习的针对性和实效性[①]。

[①] 值得注意的是，生成式人工智能在教学中的应用也需要克服可能的负面影响，正如 Kern（2024）指出，网络、社交媒体、移动技术和 AIGC 有可能鼓励学习者对技术本身产生依赖，最终将学习简化为对外部资源的操控，从而达不到真正培养学生能力的终极目标。

（3）模拟教学场景与实践环境。AIGC 技术可以制作科学实验、地理现象等模拟场景，帮助学生更加直观地理解抽象的概念和过程。例如，在科学实验中，通过 AIGC 技术辅助教学，学生可以更清晰地观察到实验现象，从而加深对金融学原理的理解。这种创新的教学方法不仅提升了学生的学习兴趣，还培养了他们的实践操作能力和问题解决能力。

（4）智能评估与反馈系统。利用 AIGC 技术，可以开发出一套智能评估系统，实时分析学生的学习情况，并给出针对性的建议和提醒。这种系统不仅能够帮助教师及时了解学生的学习状态，还能为学生提供个性化的学习反馈，促使他们不断调整学习策略，提高学习效率和质量。

（5）跨界融合与教育创新。高校可以搭建 AIGC 大模型实验室，这是一个产学研一体化的合作教学平台。通过这个平台，学校可以与企业紧密合作，共同探索新的人才培养模式。这种跨界融合的教育创新方式，有助于培养适应时代需求的高素质人才，推动高等教育的改革和发展。

8.3.3 基于大数据技术的教学方法创新

运用大数据技术进行高校教学方法的创新是一个前沿且充满潜力的领域。结合大数据技术，可从以下几个方面实现高校产教融合过程中教学方法的创新。

（1）数据收集与分析。通过全面收集学生的学习数据，教师能够更深入地了解学生的学习行为和习惯。这些数据不仅包括传统的考试成绩，还涵盖了在线学习时长、互动次数、作业完成情况等多元化信息。大数据挖掘和机器学习技术可精确地识别出产教融合过程中学生的学习模式和偏好，为个性化教学奠定坚实基础。

（2）个性化教学。在掌握了学生的学习数据和偏好后，教师可以为每个学生量身定制学习路径和资源推荐。智能教学系统能够实时跟踪学生的学习进度，根据反馈动态调整教学内容和难度，确保每位学生都能在最适合自己的环

第8章　数智转型下高校金融类产教融合的教学方法改革研究

境中成长。同时，智能辅导系统的引入，使得金融类学生的疑问能够得到及时解答，系统还能根据学生的反馈不断优化答案，提供更加精准的指导。

（3）虚拟实验室与模拟实践。利用大数据技术构建的虚拟实验室，为学生提供了一个安全、受控的实验环境。在这个虚拟空间中，学生可以进行各种实验操作，而无需担心真实实验中可能出现的风险和成本问题。虚拟实验室不仅重现了真实的实验场景，还能模拟出实验过程中的各种变量和条件，使学生能够更深入地了解实验原理和过程。在虚拟实验室中，学生的每一次操作都会被详细记录，包括操作步骤、时间、结果等。这些数据构成了宝贵的操作数据集，通过分析这些数据，教师可以精确地了解学生在实验中的表现。例如，哪些步骤学生容易出错，哪些实验操作学生掌握得较好，哪些知识点学生理解得不够深入等。基于这些数据分析结果，教师可以为学生提供更加针对性的指导和建议。同时，学生也可以根据自己的操作数据，自我反思和调整学习策略。这种基于大数据的虚拟实验室与模拟实践，不仅提升了学生的实践能力，也为教学方法的创新提供了有力的数据支持，有助于实现更高效的实验教学和学习效果评估。

（4）预测性分析与早期干预。大数据分析技术能够对学生的学习情况进行深入洞察，进而预测他们的学习成绩以及可能遇到的困难。这种预测性分析不仅基于学生当前的学习表现，还结合了他们的历史数据、学习习惯、互动模式等多维度信息。一旦发现学生可能存在学习障碍，可迅速采取早期干预措施。这种干预可能包括提供额外的学习资源、调整教学策略，或者进行一对一的辅导等。这种方式不仅可以及时帮助产教融合过程中学生克服学习困难，还能有效提升他们的学习效果和自信心。

（5）教学评估与反馈。在现代教育中，教学评估与反馈是提升教学质量的关键环节。利用大数据技术，我们可以对教学效果进行更为精准和全面的实时评估。这包括了学生的参与度、满意度、学习成效等多个方面。例如，通过分析在线学习平台的点击率、停留时间等数据，我们可以了解学生的学习投入程度；通过调查问卷和反馈系统，我们可以收集学生对教学内容、方法和教师的满意度评价。大数据技术的优势在于，它能够快速处理和分析大量的学生数据，为教师提供即时的反馈报告。这些报告不仅揭示了学生的学习状态，还能帮助教师识别哪些教学策略有效，哪些需要改进。根据这些评估结果，教师可以及时调整自己的教学方法和内容，确保教学更加贴近学生的实际需求，从而提高教学质量。

（6）智能推荐学习资源。利用大数据分析技术，可以根据产教融合中学生的学习数据和兴趣，为其智能推荐相关的学习资源和课程，助力学生探索并发现自己真正热爱的学习领域，从而激发他们的学习热情，提升学习动力。智能推荐系统会全面分析学生的学习习惯、成绩变化、互动偏好等多维度数据，精准捕捉每个学生的独特学习需求和兴趣点。基于这些分析，系统会为学生推送符合其个性化需求的学习资源，如相关领域的书籍、在线课程、专题讲座等。

8.3.4 技术准入与数智技术风险防范

数智技术是提高产教融合育人效果的重要技术手段，在其使用过程中，一方面应发挥其积极作用，另一方面，其运用也可能存在一定的负面作用。加强数智技术产品的治理和技术准入管理，以确保数智技术安全高效服务于教学与学习，促进学生健康成长，已经成为了国际社会关注的重点。英国伯明翰大学教育人工智能伦理研究院（The Institute for Ethical AI in Education）于2021年发布了《教育中人工智能的伦理框架》提出了教育中人工智能的伦理框架。该框架包含教育目标的实现、评估的形式、管理和工作量、平等、自治权、隐私权、透明度和责任、知情的参与、合乎伦理的设计等九个维度，为数智技术在产教融合教学方法创新中的应用提供了参考和依据，如表8-1所示。

第8章　数智转型下高校金融类产教融合的教学方法改革研究

表8-1　教育中人工智能的伦理框架

目标	标准		清　单
教育目标的实现（人工智能应该用于实现明确的教育目标，且有充分的社会、教育或科学证据显示人工智能服务于学习者的利益）	1.1	建立并明确利用人工智能实现的教育目标	您是否已经明确利用人工智能来实现的教育目标？
	1.2	确定每个相关的人工智能资源如何能够实现上述教育目标	您能解释一下为什么一个特定的人工智能资源有能力实现上述指定的教育目标吗？
	1.3	明确使用人工智能的预期影响	您希望通过使用人工智能施加什么影响？您将如何衡量和评估这种影响？
	1.4	坚持要求供应商提供有关其人工智能资源如何实现预期的目标和影响的信息。这可能包括与算法背后的假设相关的信息	您从供应商那里收到了什么信息？您是否对人工智能资源能够实现您所期望的目标和影响感到满意？
	1.5	坚持任何针对学生表现的测量都与被认可和接受的基于社会、教育或科学证据的测试工具和/或测量标准相一致	您从供应商那里收到了什么信息？您对学生表现的测量标准与被认可和接受的基于社会、教育或科学证据的测试工具和/或衡量标准的一致性是否满意？
	1.6	监测和评估预期的影响和既定目标的实现程度	您将如何监控和评估预期影响和目标的实现程度？
	1.7	供应商应定期对其提供的人工智能资源进行审查，以确保这些资源能够实现预期目标，而不以有害的、意外的方式行事	供应商是否能进行定期的自我审查，确保这些人工智能资源按预期有效运行？
	1.8	如果发现使用人工智能而产生的影响无法达到预期，请确定其是否与该资源的设计、应用有关，或是两种因素的结合。制定改进方案	如果使用人工智能产生的影响没有达到预期，原因是什么？您将采取哪些措施加以改善？
评估的形式（人工智能应该被用来评估和识别学习者更多的潜质）	2.1	以一种基于证据的方式，构思如何利用人工智能提供对广泛的知识、理解、技能和个人幸福发展的见解	您打算通过使用人工智能测量哪些知识、理解和技能？人工智能的哪些特性能够支持进行上述评估？在实践中如何进行评估？

表8-1（续）

目标	标准	\	清 单
评估的形式（人工智能应该被用来评估和识别学习者更多的潜质）	2.2	思考如何利用人工智能资源增强和展示以下价值：形成新的评估方法、研究学习过程和结果、支持社会和情感发展以及学习者的福祉	人工智能用什么方式来增强和展示形成性评估、研究学习过程和学习结果、支持社会与情感发展以及学习者福祉的形成性方法的价值呢？
管理和工作量（人工智能应在尊重人际关系的同时提高组织能力）	3.1	确定可以使用人工智能来改进组织中当前流程的方法	哪些流程可以通过使用人工智能来改进？您打算如何使用人工智能来改进这些流程？
	3.2	实施风险评估，以确定是否可以/如何使用人工智能改进您所在机构中当前可能削弱或边缘化教育工作者和/或其他相关从业者的现状	实施该风险评估所产生的行动是否能确保教育工作者和/或其他相关从业者不会因使用人工智能而被削弱或边缘化？
	3.3	制定并实施新的管理战略，在您的组织中确立实施人工智能的机构承诺	变更管理策略和机构承诺能否使人工智能在整个组织中得到有效利用？
	3.4	监控和评估流程的改进程度	如何监测和评估流程的改进程度？
	3.5	如果流程的改进不令人满意，明确其原因，并制订能够取得更好效果的行动计划	您对流程的变更是否满意？如果产生了令人不满意的结果，您是否相信该行动计划能够取得更好的效果？
平等（人工智能系统应促进不同学习者之间的公平，而不能歧视任何学习者）	4.1	强调由供应商提供相关信息，以确认已采取并继续采取适当测试，来减轻资源设计和用于培训的数据集内的偏差	您从供应商处收到了哪些信息？对已经采取并继续采取的适当测试以减少资源设计和用于培训的数据集内的偏差的做法您是否满意？
	4.2	制定并实施相关策略，以减少所负责的组群中学习者之间的数字鸿沟	此策略的实施是否确保您负责的所有学习者都能够利用人工智能？
	4.3	强调由供应商提供相关信息，以确认资源的设计是为了获取并满足学员的额外需求（认知需求或身体需求）	您从供应商那里收到了什么信息？您是否同意人工智能资源的设计是为了获取和满足学员的额外要求（认知需求或身体需求）？

第8章 数智转型下高校金融类产教融合的教学方法改革研究

表8-1（续）

目标	标准		清 单
自治权（人工智能系统应用来提高学习者对其学习和发展的控制水平）	5.1	强调由供应商提供相关信息，确认人工智能资源的设计没有也不会被用来强迫学习者	您从供应商那里收到了什么信息？您是否满意人工智能资源的设计没有也永远不会被用来强迫学习者？
	5.2	强调由供应商提供相关信息，以确认人工智能被用来对学习者的行为产生积极影响，并且人工智能的使用有社会、教育或科学证据的支持	您从供应商那里收到了什么信息？您是否满意人工智能被用来对学习者的行为产生积极影响，并且人工智能的使用有社会、教育或科学证据的支持？
	5.3	当人工智能预测系统合法地预测将会发生不利的结果时（如学生被开除、考试未通过或退出课程），不惩罚或要求相关个人对未实现的结果负责。相反，提前采取行动防止不利结果的发生	在您看来，人工智能系统可以预测什么不利的结果？这一预测可能涉及哪些有害行为？可以采取哪些积极的措施来防止预测结果的发生？
	5.4	强调由供应商提供相关信息，以确认人工智能资源不会造成人工智能沉迷，或者强迫学习者将他们对资源的使用扩展到对其学习有益的程度之外	您从供应商那里收到了什么信息？您是否满意人工智能资源不会造成人工智能沉迷，或者强迫学习者将他们对资源的使用扩展到对其学习有益的程度之外？
隐私权（应在合法使用隐私数据和实现明确且理想的教育目标之间取得平衡）	6.1	确保符合相关的法律框架	您是否能确认贵组织遵守所有相关的法律法规？
	6.2	如果人工智能用于实现明确的教育目标。机构可以代表用户提供同意使用隐私数据，机构应为相关人员提供足够的信息以确认人工智能资源的设计符合伦理规范，并有能力满足特定的学习目标	人工智能是否被用来实现一个明确的教育目标？您收到了令人满意的确认书吗？

109

表8-1（续）

目标	标准	清 单
隐私权（应在合法使用隐私数据和实现明确且理想的教育目标之间取得平衡）	6.3 如果人工智能被用于对学习者的监视，应证明这种直接或间接的监视对学习者有利。应征求学习者的同意（如果年龄过小则为其父母或监护人），以便在超出常规情况下进行持续监督	人工智能的哪些用途可以被认为是对学习者的监视？这些监视如何直接或间地使学习者受益？您是否在进行任何超出常规做法的跟踪之前取得了用户的同意？
	6.4 如果机构已经选择或有义务对学生进行持续评估（可能代替总结性评估），应确保存在一个指定的安全空间不对学习者进行评估	在机构选择或有义务持续评估学生的情况下、您如何确保有指定的安全空间不对学习者进行评估？
	6.5 当系统处理的数据可被视为健康数据（包括但不限于个人或敏感数据）时，要求供应商坚持提供相关信息以确认这些数据需要用于教育目的，处理这些数据将使学习者受益，并且学习者同意根据当地数据保护法以这种方式使用他们的数据	您从供应商那里收到了什么信息？您是否确定这些数据符合教育目的，处理这些数据将使学习者受益，并且学习者已经同意根据当地数据保护法以这种方式使用他们的数据？
透明度和责任（人类最终应对教育成果负责，因此应对人工智能系统的运作方式进行适当的监督）	7.1 进行风险评估，以确定人工智能资源是否可能削弱从业者的权威，破坏问责结构，并根据风险评估采取行动	实施该风险评估所产生的行动是否能够确保教育工作者和/或其他相关从业者的权威不被削弱，问责结构不会因使用人工智能而被破坏？
	7.2 在人工智能资源的设计中，强调供应商应在准确性和可解释性之间做出权衡，应说明在何处作出了调整，并提供理由	您是否收到了供应商提供的相关信息？他们在何处作出了调整？您对得到的理由感到满意吗？

第8章 数智转型下高校金融类产教融合的教学方法改革研究

表8-1（续）

目标	标准		清单
知情的参与（学习者、教育者和其他相关从业者应对人工智能及其影响有合理的理解）	8.1	使学生了解人工智能及其对社会和伦理的影响	学生在什么场景中学习这方面的知识，是在课堂上还是在课外活动中？学习内容是什么？
	8.2	为教育工作者和/或其他相关从业者提供足够的培训，以确保他们能够有效、清晰和自信地使用人工智能资源。作为培训的一部分，应该对教育工作者和从业者进行培训，以审查人工智能系统所做出的决定和行为，防止盲从	这次培训的内容是什么？教育者和/或其他相关从业者将接受多少培训？
合乎伦理的设计（人工智能资源应由了解这些资源影响的人员设计）	9.1	强调由供应商提供相关信息，以确认在设计过程中咨询了各利益相关者，如学习者、教育工作者、职业顾问、青年工作者等	您从供应商那里收到了什么信息，您对在设计过程中咨询各利益相关者是否感到满意？
	9.2	要求供应商提供相关信息，以确保人工智能资源的设计者和开发者具有多元性	您从供应商那里收到了什么信息，您对不同类别人员参与人工智能资源的设计感到满意吗？
	9.3	供应商应确保人工智能资源的设计者接受过相关培训，了解人工智能在伦理道德方面可能产生的影响	您从供应商那里收到了什么信息，对人工智能资源的设计者受过伦理道德方面的培训这一点，你是否感到满意？

资料来源：The Ethical Framework for AI in Education（The Institute for Ethical AI in Education，2021）、《人工智能与未来教育发展》（黄荣怀 等，2023）

教育主管部门需要深化对人工智能和数智技术产品的分级分类研究，以科学精准地把握其特性和应用范畴。与此同时，在产教融合教学创新过程中，相关部门应承担监督和检查的责任，建立一套全面而规范的准入体系，构建一个既有利于数智技术健康发展，又能有效保障产教融合及教育发展的监管框架。

数智技术是一把"双刃剑"，数智技术在赋能产教融合的同时，也可能带来一定的风险，这些风险突出表现在以下方面。

（1）数据安全与隐私保护风险。由于现有法律法规体系滞后于行业的发展，大数据技术和生成式人工智能等数智技术的应用可能会侵犯用户隐私权，也可能导致用户数据泄露（张绒，2023）。因此，在产教融合人才培养过程中应做好数据安全治理和用户信息保护。

（2）数智技术的应用可能会弱化教学主体和学习主体的主观能动性，加剧教育教学的程序化和格式化，不能激发学生的内在学习动力和挖掘其潜力，也难以培养金融类学生的人际交流和综合能力。

（3）数智技术的运用可能会带来"数字殖民"和价值风险（苗逢春，2023；曹培杰 等，2024）。如在大模型运用过程中，一些大模型的训练过程基于西方国家语料库，文本、图像、音频和视频等训练材料可能会隐含"价值观"，对使用者产生"信息茧房"，或者是产生潜移默化的价值观输出，不利于引导金融类学生拓宽视野，形成正确的价值观和世界观。

8.4　本章小结

金融类专业产教融合的教学方法改革和创新应顺应数智科技发展的趋势，从组织方式和数智技术运用等方面推进改革。在教学组织方式创新方面，应构建产教融合的教学组织形式，运用网络技术优化教学组织，实施数据驱动的教学管理，并应强化实践教学环节。在数智技术运用方面，可基于人工智能技术、AIGC技术和大数据技术对教学方法进行创新，同时，也需要对技术准入进行规制，以及加强对数智技术的风险防范。

第9章 数智转型下高校金融类产教融合实验室建设研究

高校实验室在学科建设、教学和科学研究上承担着重要的角色，也是提升学生实践能力、探索能力、创新意识等综合素质能力的重要实践课堂，是衡量一所大学科技创新能力的重要标志。近年来，随着高校教育、教学体制改革的实施，"双一流"建设的不断深入，高校实验室获得的各方面投入显著提升。高校进一步增大了实验室建设的力度，以提高学生的应用能力和创新能力。对于高校金融类专业建设和人才培养，在数智转型的背景下，更应探索金融与大数据技术和人工智能的交叉融合，创建符合金融人才培养的新金融实验室，以缩短金融专业理论学习与实际业务操作和实战决策的距离，让人才培养更贴近市场，更符合市场发展需求。

9.1 高校商科类实验室建设模式及趋势

9.1.1 高校商科类实验室建设的模式

高校社科类实验室，特别是商科类实验室在全世界范围内逐渐得到重视，其建设模式可以分为以下几种类型。

第一类是业务技能训练实验室。常见的实验室有证券交易实务模拟实验室、商业银行业务模拟实验室等，这类实验室建设需要采购电脑、桌椅、显示屏等硬件以及相关实训软件，形象化的实训平台可以助力金融专业建设，是实现应用型人才培养的重要途径之一（刘婷婷 等，2022）。

第二类是沙盘模拟类实验室。沙盘模拟实验室通过模拟真实的经营环境，让学生身临其境地体验金融企业运营。这种仿真性不仅体现在金融企业运营的环境上，还包括了运营中的各种决策和挑战，如货币政策变化、房地产信用风险变化、市场需求变化等，从而使学生能够更好地理解并掌握实际金融企业运作和金融市场运行，培养学生的全局能力、谈判能力和战略应变能力。

第三类是虚拟仿真实验室。人工智能、区块链、大数据等数智技术的发展对金融人才培养提出了新挑战，构建交叉融合的虚拟仿真教学体系具有重要意义，该类实验室通过虚实要素协同整合、实训教学与科研协同整合、资源与平台协同整合、多学科多课程协同整合、基础-综合-创新协同整合，实现校内外协同新模式（江勇，2024），提供沉浸式学习体验，增强学生实战能力，为培养高层次、复合型人才提供重要支撑。

第四类是科研与教学结合型实验室。这类实验室的特点在于理论与实践的紧密结合，既为学生提供了直观的实践操作平台，又支持科研人员进行深入研究，使学生在参与科研项目的过程中深化对理论知识的理解，同时也为科研工作培养了后备人才，有助于激发学生的创新思维和科学探索精神，提升他们的实践能力和解决问题的能力，为培养高素质科研与应用型人才奠定了坚实基础。美国布朗大学数字奖学金中心（Center for Digital Scholarship at Brown University）是此类型实验室的代表，实验室为学术工作和人才培养提供了良好的基础环境，并且为全球科研合作搭建了良好的交流平台。

第五类是实务运营型实验室。该类实验室由学校（学院）或联合企业联合成立运营实体，直接参与金融市场业务，从而实现"真刀真枪"的实验教学，美国戴顿大学（University of Dayton）的戴维斯投资组合管理中心（Davis Center for Portfolio Management）是该类型的代表[1]。戴维斯投资组合管理中心

---

[1] 数据来自其官方网站（https://udayton.edu/business/experiential_learning/centers/daviscenter/index.php）。该中心成员与投资组合研讨会班级的学生共同管理大学的部分捐赠基金。学生们利用对经济以及股票的深入分析，进行跨行业和部门的多元化投资组合投资。该中心配备 Bloomberg、FactSet、Morningstar Direct 和 S&P NetAdvantage 等数据库和先进技术，旨在复制华尔街买方公司的环境，从而提升学生的实践能力。

第9章 数智转型下高校金融类产教融合实验室建设研究

组织结构包括管理团队、证券分析团队、经济分析团队和外联团队。在2024年，该中心由学生负责管理的资金达到了8 020万美元，主要用于股票投资，中心毕业生在就业市场上具有极高的竞争力，许多人在顶级金融公司如 J.P. Morgan、BlackRock 和 Morgan Stanley 等金融机构找到了工作。这类实验室让学生能够在现实世界的投资环境中获得宝贵的实践经验，为未来的职业生涯做好准备，使学生在金融领域获得了显著的竞争优势。

9.1.2 高校商科类实验室建设的趋势分析

随着高等教育改革的深入和应用型人才培养需求的日益增长，高校商科类实验室建设正呈现出新的发展趋势。在数智转型趋势下，高校商科类实验室正在积极探索和实践一系列创新与改革举措。

首先，在认知层面，高校进一步意识到商科类实验室在培养学生实践能力、创新能力和跨学科思维方面的重要作用。因此，越来越多的资源开始被投入商科类实验室的建设中，以确保商科类实验室的转型发展。其次，通过举办各类学术活动和实践项目，高校正在积极提升全校师生对商科类实验室价值的认识。

在管理机制上，高校商科类实验室正在向更加灵活、高效和开放的方向发展。传统的"校-院-系"三级管理模式正在被打破，取而代之的是校级实验室管理中心或平台的建立，负责资源的统一调配和优化配置。在实验室共享方面，金融类实验室和应用数学、计算机技术等实验室相融合。这种新的管理机制鼓励学院和学科之间的合作与共享，有效减少了重复建设和资源浪费，提高了实验室的整体效益。在产学研协同机制上，高校与企业联合建立实验室，并完善了协同管理机制。同时，通过实施开放式管理，增加实验室的开放时间和使用频率，使得更多的学生能够充分利用实验室资源进行学习和研究。

在基础设备设施方面，高校商科类实验室正积极进行技术革新。为了满足不断增长的人才培养需求和提高教学质量，实验室正不断引入先进的教学设备和研究工具。商科类尤其是金融类的实验室建设，高度重视与大数据技术和人工智能技术的深度融合，大数据技术能够帮助学生更有效地分析市场趋势，预测投资风险，而人工智能技术则能提升交易决策的智能化水平，优化客户服务体验和提高监管水平。将数智技术融入实验室建设，不仅可以让学生们接触到最前沿的金融科技，还能提升他们的实操能力和创新思维。

在人才队伍建设上，高校商科类实验室逐渐注重人才的全面发展和长期培养。实验室管理和教学人员的角色定位正在发生转变，他们不再仅仅是"教辅"，而是教学和科研的重要支柱。在人员构成方面，招聘具有金融和计算机专业知识背景的复合型人才，提高金融类实验的设计能力和管理能力。同时，通过提高薪酬、职称晋升机会和专业技能培训，高校正在激励实验室人员提升专业素养和管理能力，打造一支稳定、高素质的人才队伍。

9.2 数智转型下金融类实验室建设的路径分析

9.2.1 实验室建设模式与步骤

数智转型下，高校在金融类实验室建设过程中应充分运用数智技术对实验室进行技术改造，同时还要积极与金融企业、金融科技企业合作，优化教学内容，形成"数智驱动、虚实融合、产教协同"的实验室建设体系。"数智驱动"体现在高校应运用数智技术改造实验室软硬件环境，并运用数智技术优化实验教学内容，以及基于数智技术建立与金融行业相互协作的实验教学体系。"虚实融合"体现为实验课模拟金融业务和决策的真实场景，尽可能缩小理论学习与金融企业现实运营的距离。"产教协同"体现的是金融行业与高校协同共建实验室，在实验室软硬件建设、实验内容编制等方面共同发力，从而实现实验内容和组织方式的优化，推动金融类专业产教融合人才培育质量的提升。按照以上思路，实验室建设具体步骤可以分为以下四个方面。

（1）明确合作目标与定位。校企双方在合作之初应明确合作目标，如科研创新、人才培养、资源共享、社会服务等。这些目标应具体、可衡量，以确

第9章 数智转型下高校金融类产教融合实验室建设研究

保合作方向明确。根据合作目标，高校与金融企业确定实验室的功能定位，如开展应用基础研究、前沿科技研发、关键共性技术攻关、行业发展规划等。

（2）制订详细的合作计划。首先要设立管理委员会，负责实验室的宏观规划、重大决策和资源调配。其次要设立指导委员会，该委员会由行业专家、高校教师和金融企业技术和业务骨干组成，负责科研和教学方向指导和项目评审。高校和金融企业要建立实验室执行团队，负责日常管理和具体教学与科研工作，并通过双导师制、实习实训等方式，提升学生的实践能力和创新能力。高校和企业明确双方在设备、技术、信息等方面的共享方式，提高资源利用效率。

（3）明确具体建设内容与关键步骤。根据双方合作需求，共同投资建设满足数智转型的实验设备、仪器和软件，确保实验室硬件条件达到金融行业相对领先水平。实验室应建立完善的管理制度、操作规范和质量控制体系，确保实验室运行的规范化和标准化。通过详细设置规划阶段、筹备阶段、建设阶段和运营阶段的实施步骤，明确关键建设节点，确保实验室正常投入运营。

（4）提供保障措施与政策支持。通过企业投资、政府补贴、高校实验室建设专项经费等多种渠道筹集资金，以获得实验室建设的资金支持。高校和金融企业应争取政府在政策、资金、税收等方面的支持，为实验室的建设和发展创造良好的外部环境。同时，应对实验室的运行效果进行定期评估，确保各项工作的有效性和目标的达成。在实验室运行过程中，应加强知识产权保护，激发创新活力，对运行的风险也应制订相应的应急管理计划，确保产教融合实验室的平稳运行。

9.2.2 认知调整与资源均衡配置

为解决资源分配不均和认知不足的问题，高校需调整资源配置策略，应设立跨学科资源调配机制，鼓励金融类实验室与理工科类的交叉融合，共同申请项目和资金。同时，通过举办研讨会、工作坊等活动，提升全校对实验室教学重要性的认识，明确课堂教学与实验室教学的互补关系，确保课程教师与实验室技术人员享有同等地位和待遇，以稳定和提升实验室人员队伍的整体素质。

9.2.3 提升基础设备设施利用率

为提高实验室基础设备设施的利用率，高校应加大投入，更新和升级实验室设备，确保其与行业标准和科研需求保持同步。同时，实施开放式管理，增加金融类实验室的开放时间和使用频率，鼓励跨学科、跨年级的学生使用实验室资源。建立设备共享平台，实现校内外资源的有效整合和利用，降低单个实验室的运营成本，提高整体效益。在建设课程中，可参考上海交通大学"管办分离、管建协同"的模式，强化基础设施建设，建设"交我算"计算平台，涵盖云计算、高性能计算、人工智能计算及多个数据存储平台，CPU总核数超过10万个，存储总容量达65 PB，采用超算互联技术，实现覆盖5个校区及13家附属医院的跨校区算力服务，为全校数字化建设提供重要基础支撑，从而提高资源利用效率，满足多学科计算服务需求（教育部简报〔2024〕第9期）。

9.2.4 建设开放性实验室

开放性实验室是学生可以根据实验题目自行制定实验方案并通过独立或合作的方式完成实验过程的实验室。高校在建设金融类实验室的过程中，需要留出一定的空间让学生能够进行开放性实验，从而培养并提高学生的综合素养。在建设开放性实验室时，学校需要制定实验室的使用流程，并要求学生在使用前提供完整的实验方案，教师审查合格后才能获得实验室的使用权利。学生在进行开放性实验过程中，需要教师的监督和指导，避免因为操作问题造成责任事故，防止金融企业关键数据或敏感数据的泄露。学校可以制定奖励机制，使学生能够积极参与到开放性实验中来，学生应将实验过程和结果总结成实验报告上交校内外导师，教师进行评分，并将其作为学生日常学习情况的评价因素。对于一些耗时较长的实验或是需要教师与学生共同合作完成的实验项目，学校需要定期检查实验进度，避免造成实验室资源的浪费。建设开放性实验室能够让每位学生都享受到实验室的使用权，提高学生的综合能力。建设开放性

第9章　数智转型下高校金融类产教融合实验室建设研究

实验室，可借鉴西安电子科技大学的"口袋实验室"模式，集成校内外实验平台，在线开展无缝实验、远程操作异地实验（教育部简报〔2021〕第50期）。

9.2.5　加强跨学科资源整合

（1）实验室划分的创新与优化。实验室划分是高校实验室建设的基础性工作，直接关系到实验教学的质量和效率。传统的按学科划分实验室的方式，虽然在一定程度上保证了专业实验的顺利进行，但面对综合性强、跨学科性质明显的实验项目时，往往显得力不从心。因此，高校在建设实验室时，应打破学科壁垒，单独设立综合实验室，并对功能板块进行科学合理地划分和编号。综合实验室的设立，旨在为学生提供一个能够自由探索、跨学科学习的实践平台。在这个平台上，金融计算机、数学等不同学科的知识内容不再被割裂开来，而是相互融合、相互支撑。通过对功能板块的划分和编号，学生可以更加便捷地获取到所需的知识内容，无论是基础理论还是前沿技术，都能够在这个综合实验室中找到相应的资源支持。这种实验室划分方式，不仅能提高金融实验教学的灵活性和多样性，也极大地激发了学生的学习兴趣和创新思维。

（2）实验教师的培养。实验教师是实验室教学的主体，他们的教学水平和跨学科能力直接影响到金融实验教学的质量。因此，高校在加强跨学科资源整合的过程中，必须高度重视实验教师的培养。学校应定期组织跨学科研讨会，邀请不同专业的教师共同参与，针对课程教学中专业性和综合性较强的科目进行深入探讨。通过交流思想、分享经验，教师们可以更加全面地了解不同学科的知识体系和研究方法，从而总结出最合适的实验流程与教学方案。此外，学校可以鼓励金融实验教师参与跨学科研究项目，通过实际操作来提升他们的跨学科教学能力。除了内部培养，高校还应积极引进具有跨学科背景的优秀人才来充实实验教师队伍。这些人才不仅具备扎实的专业知识，还拥有广泛的学科视野和创新能力，能够为金融实验教学带来新的思路和方法。

（3）教学模式的创新。跨学科资源整合不仅体现在实验室划分和教师培养上，还需要在教学模式上进行创新。传统的教学模式往往以单一学科为中心，注重知识的传授和技能的训练。而在跨学科视域下，教学模式应更加注重金融专业学生综合能力的培养和创新思维的激发。高校可以探索实施跨学科实验教学项目，鼓励学生跨越学科界限进行合作学习。通过组建跨学科金融实验小组，学生可以共同面对复杂的实验问题，运用不同学科的知识和方法进行探索和研究。这种教学模式不仅能够培养学生的团队协作能力和沟通能力，还能够让他们在实践中深刻体会到跨学科学习的重要性和魅力。此外，高校还可以利用信息技术手段来创新实验教学模式。例如，建立虚拟仿真实验室，模拟真实的实验环境和过程，让不同学科的学生在虚拟空间中进行跨学科实验操作，通过这种教学模式的创新，高校不仅可以节省实验资源，而且还能提高实验的安全性和可重复性，以及提升学生的创新能力和综合应用能力。

9.3 本章小结

对于高级应用型金融人才的培养，高校急需建设实验室，以模拟金融交易和决策的真实场景，让学生体验瞬息万变的金融市场，从而提高金融类学生的综合能力。本章在对高校社科类实验室建设模式和趋势进行分析的基础上，从认知调整与资源配置、提升设备利用率、建设开放式实验室、加强学科资源整合等方面对数智转型下高校金融类产教融合实验室建设提出了建设框架，从而为产教融合人才培养模式提供实验室建设的相关参考依据。

第10章　数智转型下高校金融类专业产教融合的保障机制研究

本章探讨高校金融类专业产教融合的保障机制建设。为了确保产教融合人才培养的顺利进行，本章从资金、师资、政策以及质量四个方面构建全面的保障机制。首先，讨论如何通过增加政府财政投入、引导社会资本投入以及优化资金使用和管理来确保产教融合项目的资金支持。其次，师资保障机制的建设也至关重要，具体措施包括提高教师学术水平和专业素养、加强实践能力培养等。再者，本章将研究如何通过顶层政策设计、财政和税收优惠等手段，为产教融合提供政策保障。最后，为了保障产教融合的质量，本章将探讨建立与完善互动协调机制、构建质量标准体系以及完善质量监控与反馈机制等措施。

10.1 产教融合人才培养的资金保障机制建设

建立健全多元化经费投入机制。产教融合的发展离不开经费的支持，中央和地方政府必须在财政预算中安排专项资金用于促进产教融合人才培养的进一步发展，该部分专项资金应随着经济增长以及金融学专业教育投入需求而进行动态调整。为了增强金融企业参与产教融合的积极性，政府应对企业予以税收等方面的优惠。

10.1.1 增加政府财政投入

在产教融合的大背景下，增加政府财政投入是推动这一教育模式深入发展的关键所在。为了确保产教融合项目的顺利进行，并促进教育链、人才链与产业链、创新链的有机衔接，本章提出以下增加政府财政投入的具体对策。

（1）设立产教融合专项资金池。政府可以通过财政预算安排，专门划拨一定资金设立产教融合专项资金池。这笔资金的规模应根据当地产业发展需求、高等教育现状和财政状况进行合理确定，以确保足够的支持力度，中央政府可设立产教融合发展专项基金，专项支持高校产教融合教学与科研，其中重点支持应用型高校开展的产教融合人才培养活动。专项资金应主要用于支持高等院校与企业的合作项目，包括但不限于人才培养、科研创新、实习实训基地建设等方面。资金的定向投入可以加速产教融合项目的落地和实施。为确保专项资金的有效利用，政府应建立严格的资金监管机制和项目评估体系，定期对资金使用情况进行审计和检查，确保每一分钱都用在刀刃上，并对项目实施效果进行评估，以便及时调整投入策略。

（2）提高生均拨款水平。政府应根据不同专业的产教融合度、实训教学成本等因素，制定差异化的生均拨款标准。对于产教融合度高、实训教学成本高的专业，应适当提高其生均拨款水平，以确保这些专业的持续发展。同时，建立拨款标准的动态调整机制，根据经济发展状况、教育成本变化等因素进行适时调整。提高生均拨款水平后，政府应加强对拨款使用情况的监督，确保学校和企业能够按照规定的用途合理使用这些资金，避免出现挪用、浪费等现象；对于违规使用拨款的行为，应依法进行严肃处理。

（3）优化财政投入结构。政府在增加财政投入时，应统筹兼顾各类产教融合项目的需求，同时突出重点领域和关键环节。对于符合当地产业发展战略、具有较大发展潜力的项目，应给予重点支持。除了政府财政投入外，还应积极引导社会资本投入产教融合项目。通过政策优惠、税收减免等方式，鼓励企业和个人投资产教融合人才培养项目，形成多元化的投入机制。

（4）加强政策协同与配套措施。增加政府财政投入应与相关政策协同推进。例如，完善相关法规体系、推动产教融合型企业认证与激励政策等，以形成政策合力，共同推动产教融合的发展。在增加财政投入的同时，还应加强相关配套措施的建设，如加强师资队伍建设、完善实习实训基地设施、推动教育信息化等，以提升产教融合教育整体质量和水平。

10.1.2 引导社会资本投入

在产教融合的大背景下，社会资本的投入对于促进教育与产业的深度融合具有重要意义。引导社会资本加大对产教融合的资金投入，可以从以下几个方面入手。

（1）完善多渠道经费筹措机制。政府可以通过制定一系列政策优惠措施，如投资税收减免、政府购买服务、土地供应优惠等，来吸引社会资本投入产教融合项目。这些优惠政策能够降低社会资本的投资成本，提高其投资回报，从而激发其投资热情。政府可以搭建产教融合投资平台，为社会资本提供便捷的投资渠道。通过平台，投资者可以了解到更多产教融合项目的信息，选择符合自身投资策略的项目进行投资。政府和企业可以通过宣传和推广，鼓励社会各界人士对产教融合项目进行捐赠。这些捐赠资金可以用于支持产教融合项目的发展，进而提高教育质量，培养更多符合产业需求的人才。

（2）探索混合所有制办学改革。政府和企业可以明确混合所有制的合作方式，如共同出资建设实训基地、购买先进设备等。公私合营可以充分发挥政府和企业的各自优势，实现资源共享、风险共担，推动产教融合的发展。可借鉴辽宁省的做法实施混合所有制办学改革。辽宁省明确混合所有制办学的设立程序、办学形式、治理结构、支持政策，按照"成熟一个、批复一个"的原则，首批启动4个混合所有制二级学院试点建设，指导有关院校按照"公办高校、混合体制、民营机制"办学思路和"党委领导、董事会决策、院长负责"治理结构进行管理（教育部简报〔2024〕第3期）。为了确保混合所有制改革的顺利进行，政府和企业需要制定详细的合作规则。这些规则应包括投资比例、管理方式、收益分配、风险承担等方面的内容，以确保双方的权益得到保障。政府应加强对公私合营项目的监管和评估工作，确保其按照既定的目标进行。同时，政府还可以引入第三方评估机构对项目进行评估，以提高项目的透明度和公信力。

（3）加强宣传与推广。政府和企业可以积极展示产教融合的成功案例，让社会资本更加直观地了解到产教融合的价值和潜力。这有助于增强社会资本的信心，促使其加大对产教融合的资金投入。政府可以通过举办论坛、研讨会等活动，向社会资本介绍产教融合的重要性和投资机会。同时，企业也可以积极参与这些活动，与社会资本进行面对面的交流与合作。

通过完善多渠道经费筹措机制、探索公私合营模式以及加强宣传与推广等措施，可有效地引导社会资本加大对产教融合的资金投入。这将为产教融合提供稳定的资金来源，推动教育与产业的深度融合，培养更多符合社会需求的高素质人才。

10.1.3 优化资金使用和管理

在产教融合的过程中，优化资金使用和管理机制是确保资源得到高效利用、提高教育质量、促进企业技术创新的关键环节之一。建立透明的资金使用机制和加强资金使用的监管与评估，可以从以下几个方面入手。

（1）建立透明的资金使用机制。制订详细的资金使用计划，明确各项费用的预算和用途，确保每一笔资金都能用到刀刃上。同时，建立信息公开制度，定期公布资金使用情况，接受社会监督。设立专门的内部审计机构，对资金使用进行全程跟踪和审计，确保资金使用的合规性和有效性。对于发现的违规行为，要严肃处理，并公开曝光。邀请独立的第三方机构对资金使用情况进行评估，提供客观、公正的评价意见，从而增强资金使用的透明度，帮助高校发现并改进存在的问题。

（2）加强资金使用的监管和评估建设。成立专门的产教融合资金监管机构，负责制定监管政策、审核资金使用计划、监督资金使用情况等。该机构应具备独立性和权威性，确保监管工作的有效开展。监管机构应定期对产教融合资金

第10章　数智转型下高校金融类专业产教融合的保障机制研究

的使用情况进行全面评估，包括资金使用的效率、效果、合规性等方面。评估结果应作为下一步资金分配的重要依据。根据评估结果，对资金使用效率高、效果好的项目和个人给予奖励，对违规使用资金、造成资源浪费的行为进行惩罚。通过奖惩机制，引导产教融合建设主体合理使用资金，提高资金的使用效益。

（3）优化资金管理流程。在确保合规性的前提下，尽量简化资金使用的审批程序，提高审批效率。可以采用电子化审批系统，实现线上申请、审批和报销，方便快捷。制定科学合理的预算方案，明确各项费用的预算额度和使用范围。预算执行过程中要加强监控和调整，确保预算的合理性和有效性。对资金使用过程中可能出现的风险进行预测和评估，制定相应的风险防控措施。同时，建立应急处理机制，对突发事件进行快速响应和处理。

10.1.4　激发企业投入积极性

在产教融合的过程中，激发企业投入人力和财力的积极性是至关重要的。为了实现这一目标，政府和企业需要共同努力，采取一系列措施来提升企业参与的意愿和能力。

（1）利用税收优惠政策激发企业积极性。政府可以通过实施税收优惠政策来鼓励企业积极参与产教融合。例如，对于积极参与产教融合的企业，政府可以给予一定期限的企业所得税、增值税等税种的减免。这种直接的税收优惠能够有效降低企业的经营成本，提高其参与产教融合的经济效益，从而激发企业的积极性。

（2）实施抵免教育费附加政策。为了进一步激发企业投入产教融合的积极性，政府还可以实施抵免教育费附加政策。具体来说，对于企业参与产教融合人才培养的投资，如果符合相关规定，可以按一定比例抵免企业当年应缴的教育费附加和地方教育附加。这一政策不仅能够减轻企业的负担，还能鼓励企业更多地投资于职业教育，促进产教融合的发展。

（3）建立产教融合的激励机制。除了税收优惠和抵免政策外，政府还可以建立产教融合的激励机制，通过表彰、奖励等方式，对在产教融合中做出突出贡献的企业进行肯定和鼓励。这种精神上的激励能够增强企业的荣誉感和归属感，进一步激发其投入人力和财力的积极性。

（4）加强产教融合的宣传和推广。政府和企业应共同加强产教融合的宣传和推广工作，提高社会对产教融合的认知度和认可度。通过举办论坛、研讨会等活动，分享产教融合的成功案例和经验，展示产教融合对于提升人才培养质量、推动企业技术创新和促进社会经济发展的重要作用。这有助于增强企业参与产教融合的意愿和动力。

（5）建立完善的产教融合合作机制。为了保障产教融合的顺利实施，政府应与企业、学校等多方共同建立完善的合作机制。明确各方的责任、权利和义务，确保资源共享、优势互补、协同发展。同时，建立健全评价体系和监督机制，对产教融合的效果进行定期评估和监督，及时发现问题并进行改进。这将有助于提高企业参与产教融合的信心和积极性。

（6）提供专业化的服务和支持。政府可以设立专门的服务机构或平台，为企业提供关于产教融合的政策咨询、项目对接、人才培训等专业化的服务和支持。这将帮助企业更好地了解产教融合的相关政策和市场动态，提高其参与产教融合的能力和效果。

10.2　产教融合人才培养的师资保障机制建设

10.2.1　提高教师的数智能力和专业素养

定期组织教师参加学科知识的培训，使其掌握最新的学术动态和前沿技术。鼓励教师参加学术会议、研讨会等活动，促进研究成果交流和学术活动参与，拓宽学术视野。

（1）提升教师数智能力。在产教融合过程中，教师发挥着重要作用，与传统的"以教师为中心"的教育理念不同，数智时代的教师要改变旧的角色，承担新的角色，主动适应学习者，激发学生的学习能力和创造力。具体来说，

第10章　数智转型下高校金融类专业产教融合的保障机制研究

在产教融合过程中，教师应成为学生学习促进者、信息资源整合者、人工智能应用者、个性化学习实现者、学生人生发展引导者和心理与情感发展的沟通者，如表10-1所示。

表10-1　数智转型下产教融合教师承担的角色

序号	角色	具体含义
1	学生学习促进者	基于人工智能、AR/VR、5G等技术融合，丰富教学场景和教学媒介，提升学生自主研究和发展能力
2	信息资源整合者	运用人工智能技术，识别、甄选和整合优质教育资源，帮助学生培养学习能力和信息整理能力
3	人工智能应用者	运用人工智能技术构建智慧教室、网络学习空间等智能化、泛在化和个性化的智慧学习环境，形成人机协作，提升教育效率
4	个性化学习实现者	针对弱人工智能尚不能全面准确地把握学习进度的缺陷，教师进行个性化分析，为学生提供个性化指导和干预
5	学生人生发展引导者	给予学生人文关怀，做学生人生发展的引路者和同行者
6	心理与情感发展的沟通者	在数智时代，学生更容易产生孤立感、焦虑、不安等情绪，需要教师及时进行心理沟通和辅导，帮助学生健康成长

资料来源：《共教、共学、共创：人工智能时代高校教师角色的嬗变与坚守》（陈鹏，2020）、《人工智能与未来教育发展》（黄荣怀 等，2023）。

（2）加强学科知识培训，掌握最新学术动态。高校应定期组织青年教师参加学科知识的专题培训，邀请行业专家和学者进行授课，确保教师能够及时掌握最新的学术动态和前沿技术，不仅有助于提升教师的学科知识储备，还能激发他们对学术研究的热情。利用现代信息技术，高校可以建立一个在线学习平台，为教师提供丰富多样的学习资源。教师可以通过平台随时随地进行学习，不断更新自己的知识体系，以适应学术领域的快速发展。此外，随着智能技术进一步拓展线上线下融合的学习环境，以人工智能为基础的教学设备逐渐参与到教学中，教师还应以人机协同等方式跨场域促进学生进行跨学科和个性化学习（黄荣怀 等，2023）。

（3）促进研究成果交流和学术活动参与，拓宽学术视野。高校应积极鼓励青年教师参加各类学术会议和研讨会，与国内外同行进行深入的交流和探讨。这不仅有助于教师了解最新的研究成果和学术趋势，还能拓宽他们的学术视野，激发创新思维。高校应加大对青年教师科研工作的支持力度，鼓励他们积极发表学术论文和专著。通过成果的发表，教师可以与更广泛的学术界进行交流和互动，进一步提升自己的学术影响力。

（4）结合产教融合要求，提升教师实践能力。明确产教融合教师的准入标准，如参与实践教学的教师需要具有职业资格证书、专业资格证书，或者具有3~5年的行业工作经历。高校应与相关企业建立紧密的合作关系，为教师提供参与企业实践和项目合作的机会。通过深入了解企业的实际需求和运营模式，教师可以更好地将理论知识与实践相结合，提升自己的实践能力。高校还可以邀请具有丰富实践经验的企业专家对学校教师或校内导师进行培训，为他们提供一对一的指导和帮助。这种制度有助于教师快速了解行业现状和发展趋势，提高自己的职业素养和实践能力。

（5）建立完善的激励机制和评价体系。对在学术研究和实践教学中表现突出的青年教师给予表彰和奖励，激发教师的积极性和创造力，推动他们不断提升自己的学术水平和专业素养。高校应建立科学的评价体系，对教师的学术成果、教学质量和实践能力进行客观公正的评估。这有助于教师了解自己的优势和不足，明确努力方向，实现个人职业发展的良性循环。

10.2.2 加强教师的实践能力培养

教师是学生的引路人，在产教融合的大背景下，要提高学生的实践能力，首先要加强教师的实践能力培养，具体措施可从以下几个方面进行。

（1）校内外实践教学。充分利用学校资源，为教师提供实践教学的机会。例如，可以建立实践教学基地，模拟真实的工作环境，让教师在实际操作中提升实践能力。此外，还可以定期组织实践教学研讨会，让教师们分享实践经验，

第10章 数智转型下高校金融类专业产教融合的保障机制研究

共同提高。组织教师参与校外的实践教学活动，如实地考察、社会实践等。此外，还可以鼓励金融专业教师参与金融企业的挂职锻炼，高校可制定《金融学院教师挂职锻炼管理办法》等类似文件，以鼓励和规范教师去银行、证券公司等金融企业的挂职锻炼行为。这些活动可以让教师接触到更多的实际问题和挑战，从而提升他们的实践能力和解决问题的能力。同时，校外实践教学还能帮助教师了解社会需求和行业现状，更好地将理论知识与实践相结合。

（2）校企合作项目参与。鼓励教师积极参与校企合作项目，与金融企业人员紧密合作。通过项目参与，教师可以深入了解金融企业的实际需求和行业现状，从而调整教学内容和方法，更好地培养学生的实践能力。校企合作项目为教师提供了宝贵的实践经验。在项目执行过程中，教师需要面对和解决各种金融实际问题，这不仅能提升他们的实践能力，还能增强他们的创新意识和团队协作能力。金融专业教师可以将校企合作项目中的经验和案例反馈到教学中，丰富教学内容，提高学生的学习兴趣和实践能力。同时，这也有助于学校与企业之间的紧密联系，推动产教融合向更深层次发展。

（3）提升多场景教学能力。高校应为教师多场景教学能力的提升创造条件。其一是技术支持条件，应建设智慧教室，配备触控一体机、电子白板等互动式教学设备，支持教师与学生的实时互动和协作，通过物联网技术实现教室环境参数的智能调节，营造舒适的学习氛围；同时还应搭建在线学习平台，支持教学资源共享、在线讨论和作业提交等功能，实现线上线下融合教学。其二，要加强信息技术的应用，利用AI技术辅助教学，如智能批改作业、个性化学习推荐等；通过大数据分析学生学习行为，为教师提供教学改进建议，引入VR/AR技术，创建沉浸式学习体验。此外，还应建立优质的产教融合教学资源库，包括教材、课件、视频、案例等，供教师按需选用。其三，组织教师参加多场景教学理念培训，帮助教师理解多场景教学的意义和价值，掌握多场景教学的方法和技巧。

10.2.3 建立健全教师培训机制

高校教师具有较高的自我实现动机，学校要加强对教师的培训和开发，运用发展激励的方式激励高校教师（袁凌 等，2006）。在产教融合的大背景下，为了确保教师能够持续进步并适应产教融合的新要求，需要采用多种措施。

（1）制订全面的培训计划。学校、企业和政府应共同参与教师培训计划的制订。学校作为教师的主要工作场所，深知教师的实际需求和发展方向，企业提供行业前沿的实践经验和技能要求，政府则能从宏观层面提供政策指导和资源支持。培训计划应涵盖教学方法、课程设计、行业动态、技术应用等多个方面，确保教师能够全面提升自身素养。同时，针对产教融合的特点，应增加与产业对接的实践课程，帮助教师更好地了解行业需求。在培训方式上，建立全方位、全过程的适应数智时代的培训体系。将数智技术与产教融合模式下的教师发展相结合，实现人机多主体协同新时代下的教师教育目标重构，提升教师对数智融合的理解能力，运用数智技术对课程进行再造，确保产教融合课程内容的有效性。同时，打破物理空间的限制，搭建新型学习空间，实现教学模式重塑，并通过数智技术，在多主体协同合作基础上，对教育教学效果的评估方式进行创新，从而实现从入职前到入职后，涵盖教学与学术等全链条能力提升体系（图10-1）。

（2）提供多层次培训。针对不同层次和专业的教师，应提供个性化的培训方案。例如，新入职教师需要更多的教学基本功和课堂管理方面的培训，而骨干教师则可以侧重于教学创新和学科前沿动态的学习。在培训过程中，应注重实践环节的设计。可以通过组织教师到企业实地参观、邀请行业专家进行讲座或指导、开展模拟教学等活动，增强教师的实践能力。为了确保培训效果，应建立跟踪评估机制，定期对参与培训的教师进行考核，收集他们的反馈意见，以便对培训计划进行持续改进。

（3）通过校企共建实训基地提升教师实践教学能力。学校与企业共建实训基地，为教师提供真实的职业环境进行实践教学，从而提升教师的实践能

第10章 数智转型下高校金融类专业产教融合的保障机制研究

力，还能加强学校与企业之间的联系。学校与企业应共同开发适合产教融合的课程，确保教学内容与行业需求紧密相连。在此过程中，教师可以深入了解行业发展的最新动态，并将其融入日常教学中。

（4）政府支持与政策引导。政府可加大对教师培训的资金投入，确保培训计划的顺利实施。同时，设立专项基金，鼓励学校和企业开展深度合作，支持和鼓励教师加大投入力度。政府可以制定相关激励政策，如对教师参与产教融合项目给予一定的奖励或补贴，在职称评审中加强成果转化的权重等，以提高教师参与培训和投身产教融合人才培养的积极性。

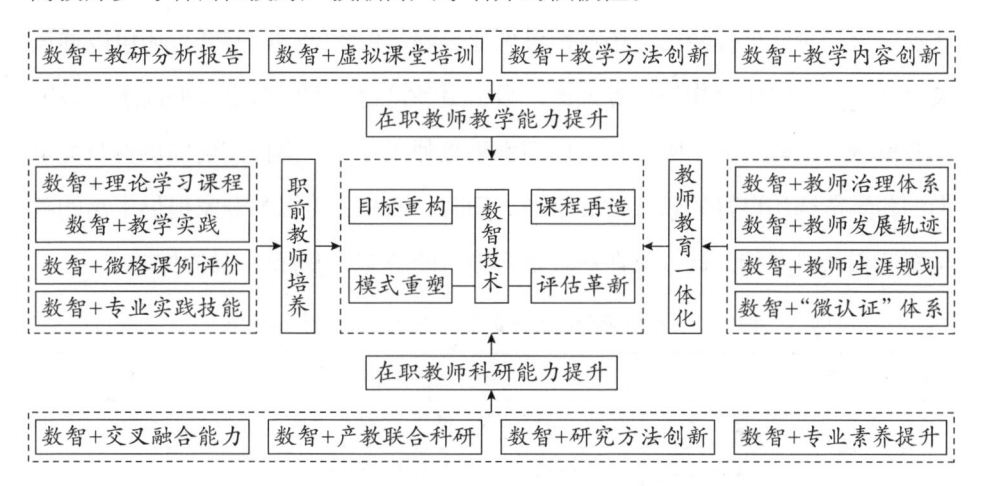

图10-1 数智转型下基于产教融合的教师培训体系建设

注：根据林敏等（2024）、冯剑锋等（2024）等文献设计而成。

10.2.4 加强师资队伍的引进和培养

数智转型背景下，为实现金融类产教融合人才培育，应加强师资队伍的引进和培养，从而为产教融合提供师资队伍保障。

（1）引进高水平教师和专家。为了提升师资队伍的整体素质，高校应积极引进具有丰富实践经验和学术背景的高水平教师和专家。这些教师和专家不仅能够带来先进的教育理念和教学方法，还能为学校与企业之间的产教融合搭建桥梁。设定明确的引进标准，如高校领导者的产教融合能力可参考表10-1，

数智转型下高校金融类专业产教融合影响因素及优化路径研究

从战略思维、产业理解力、市场关注力、整合力、果断力等不同维度设定高校产教融合领导者和主要推动者的能力标准，通过引进强大动力的"火车头"，引领产教融合快速稳健前行。此外，从不同角度看，高校领导者的产教融合能力要求有一些差异，如表10-2至表10-4所示，但总体来说，高校领导者是产教融合人才培养的重要推动者，需具备较强的战略思维能力和前瞻力，能够带领高校教师与业界构建共同体，以推动产教融合人才培养。高校应该根据学校的发展需求和产教融合的要求，设定明确的高水平教师和专家引进标准。这些标准可以包括学术背景、实践经验、行业影响力等方面，如规定专任教师须具备一定年限的企业工作经历。拓宽引进渠道，除了传统的招聘方式，还可以通过校企合作、产学研合作项目等渠道，吸引更多符合产教融合需求的高水平教师和专家加入团队。为了吸引和留住高水平教师和专家，高校需要提供具有竞争力的薪酬待遇和良好的职业发展平台。同时，高校还可以为专家提供丰富的教学资源和科研支持，让专家在产教融合平台能够充分发挥自己的才华。

表10-2 高校领导者的产教融合能力（基于企业视角）

排序	能力	定义性描述
1	战略思维力	能对事关全局的、长远的、根本性的重大问题进行有效谋划的能力
2	产业理解力	深入系统了解产业结构、变化和属性的能力
3	市场关注力	洞察市场规律及其变化的能力
4	整合力	整合所掌控的各种资源的能力
5	果断力	面对复杂环境果断做出决策的能力
6	掌控力	掌控产教融合全局和做出顶层设计的能力
7	社交力	有效地与合作参与主体开展社交互动的能力
8	应变力	根据各类环境的变化（尤其是突变事态）做出快速有效应对的能力
9	感召力	能够感染他人、引导他人追随的能力
10	利他力	愿意并能够为其他人（组织）创造价值和共享成果的能力
11	危机公关力	能够快速高效处理危机事件规避亏损的能力
12	品牌力	为产教融合项目和合作企业提升品牌效应的能力

注：资料来源于《高校领导者产教融合能力研究》（张洋等，2024）。

第10章 数智转型下高校金融类专业产教融合的保障机制研究

表10-3 高校领导者的产教融合能力（基于政府视角）

排序	能力	定义性描述
1	前瞻力	敏锐感知环境变化并能预测其发展趋势和创造发展机遇的能力
2	果决力	面对复杂环境果断做出决策的能力
3	整合力	整合所掌控的各种资源的能力
4	领导力	组织各方力量和资源实现价值主张的能力
5	感召力	能够感染他人、引导他人追随的能力
6	顶层设计力	整体系统设计价值主张及促使其实现的能力
7	社交力	有效地与合作参与主体开展社交互动的能力
8	持续力	成功维系产教融合可持续发展的能力

注：资料来源于《高校领导者产教融合能力研究》（张洋等，2024）。

表10-4 高校领导者的产教融合能力（基于高校视角）

排序	能力	定义性描述
1	前瞻力	敏锐感知环境变化并能预测其发展趋势和创造发展机遇的能力
2	顶层设计力	整体系统设计价值主张及促使其实现的能力
3	跨界感召力	感染他人、吸引他人愿意合作的能力
4	跨界整合力	整合各方资源并有效创造价值的能力
5	果决力	面对复杂环境果断做出决策的能力
6	组织力	组织各方力量实现价值主张的能力
7	协调力	有效协调各参与主体、资源与活动的能力
8	跨界社交力	与各参与主体进行主动平等有效互动的能力
9	应变力	根据各类环境变化（尤其突变事态）做出快速有效应对的能力
10	跨界沟通力	善于与学校、政府、企业人员开展有效沟通交流的能力
11	执行力	能够快速高效动员相关部门或人员执行价值主张的能力
12	跨界价值力	能够与各参与主体共同创造价值的能力
13	持续力	持续推进产教融合健康运行、发展的能力
14	宣传力	有效提升产教融合项目和参与主体声誉的能力
15	专业力	有效推进产教融合项目的专业基础能力
16	理论力	将产教融合实践理论化的能力

注：资料来源于《高校领导者产教融合能力研究》（张洋 等，2024）。

（2）青年教师的培养和引导。青年教师是学校的未来，加强对他们的培养和引导至关重要。通过实施导师制度，高校可以让经验丰富的教师指导和培养年轻教师，帮助青年教师更快地成长。在实施过程中，高校应明确导师的角色和责任以及被指导教师的期望和要求。同时，高校还需要为导师提供必要的培训和支持，以确保他们能够胜任这一角色。根据每位青年教师的特点和需求，高校应定制个性化的培养计划，可以参考英国高等教育学术标准框架（UK Professional Standards Framework，UKPSF），为教师的专业发展提供指导，并鼓励教师结合行业经验和科学研究进行人才培养（徐守坤 等，2024）。这些计划可以包括教学目标、科研方向、实践锻炼等方面，以确保他们能够在导师的指导下全面发展。为了让青年教师更好地了解产业需求和行业发展趋势，高校应该为他们提供更多的产教融合实践机会。这些机会包括参与校企合作项目、到企业挂职锻炼等，以帮助他们积累实践经验，提升教学能力。

10.2.5 激励教师的创新精神

数智转型背景下，金融行业对从业人员的创新能力要求越来越高，为培养适应数智转型的金融人才，教师也要具备良好的创新精神，激发教师的创新精神，可通过以下途径实现。

（1）设立创新奖励机制。设立创新奖励机制是激励教师积极探索新的教学方法和手段的有效途径。通过设立创新奖励基金，高校可以对在教学创新方面取得显著成果的教师予以物质和精神上的双重奖励，以激发教师的创新热情，还能够让教师感受到其创新努力得到了认可和肯定，激发更强劲的创新动力。同时，高校还可将教师的创新成果与职称评定、晋升等挂钩，进一步增强教师创新的积极性。

（2）提供发展机会。除了物质奖励，高校还可以为教师提供更多的专业发展机会，如参加研讨会、工作坊等，以更新教师的教学方法和技术，让教师接触到最新的教育理念和教学方法，还能够为教师提供一个交流和学习的平台，产生思维碰撞的火花，激发教师的创新思维。

（3）营造创新氛围。营造创新氛围也是激发教师创新精神的重要手段。在产教融合人才培养过程中，高校应鼓励教师之间的交流和合作，共同研究教育教学改革问题。通过团队教学、教研组活动等形式，促进教师之间的知识和经验共享。在教学与科研的团队氛围中，教师可以相互启发、相互学习，共同探索新的教学方法和手段。同时，高校还应为教师创造一个稳定的、有利于创新的环境，让教师敢于尝试新的教学方法，减少创新的后顾之忧。此外，高校还应引入新技术，支持教师学习和使用新的教育技术，鼓励教师在教学中尝试数字工具和在线资源，以提高教学效果和学生的学习兴趣。

10.3 产教融合人才培养的政策保障机制建设

10.3.1 加强产教融合人才培养的顶层政策设计

为了加强产教融合人才培养的顶层政策设计，高校需要从多方面统筹推进改革措施，确保政策的系统性、前瞻性和实效性。

（1）明确顶层设计的目标和原则。首先，要明确顶层设计的目标。产教融合人才培养的顶层政策设计旨在促进教育界与产业界的深度融合，提高人才培养质量，以满足社会经济发展的需求。为此，教育主管部门应遵循市场导向、产教融合、互利共赢等原则，确保政策的科学性和实效性。其次，在政策设计时，对高校资源的分配政策，也可以进行优化，要健全高校资源一体化生态共享体系，考虑区域差异，兼顾各地高校的发展情况，实现均衡发展（朱恬恬 等，2022）。

（2）制定全面的产教融合政策框架。在顶层政策设计中，应进一步明确产教融合在国家人才培养战略中的重要地位，将其视为推动教育改革、产业升级、新质生产力发展的关键举措。鼓励学校、企业、政府等多方参与，形成多元化的合作机制。政策应进一步明确各方在产教融合中的角色和职责，以及合作的具体方式和内容。同时，还应制定和完善与产教融合相关的法律法规，明确学校、企业和政府在产教融合中的权利和义务，为产教融合提供法律保障。

（3）加强产教融合的实践探索与创新。截至2024年8月，政府已经出台多项关于"产教融合"发展的政策，但是相关政策的"鼓励性"和"倡议性"功能较强，而"执行性"有待提升。可通过立法形式加强产教融合的实践探索与创新，建议制定有关高等教育产教融合方面的专门法律，通过政府引导、企业参与、学校支持的方式，建立一批产教融合示范基地，探索产教融合的新模式和新路径。引导学校根据产业发展需求调整课程设置，增加实践环节，强化学生的实践能力和创新精神。同时，推动学校与企业共同开发课程，确保教学内容与市场需求紧密相连。加强师资队伍建设，加大培训力度，提高教师的实践能力和行业认知。鼓励企业技术人员到学校兼职授课，促进学校与企业之间的人员交流。相关政策表述尽量以"定量"方式表述，如总资产达到5 000万或1亿元，企业应该承担何种产教融合人才培养的义务等，从而为产教融合人才培养提供更明确具体的指引。

（4）建立有效的政策执行与评估机制。成立产教融合工作领导小组或委员会，负责统筹协调各方资源，推动产教融合工作的深入开展。根据顶层政策设计的要求，制定具体的实施细则和配套措施，确保政策的可操作性和实效性。定期对产教融合政策的执行情况进行评估，及时发现问题并进行调整。同时，建立有效的反馈机制，收集学校、企业和社会的意见和建议，不断完善政策内容。

10.3.2 提供财政和税收优惠

为了更深入地推动产教融合，政府可以通过提供财政补贴和税收优惠来激励企业和学校更积极地参与其中。

（1）财政补贴。政府可设立专门的产教融合资金池，用于支持产教融合项目的开展和实施。资金来源于政府预算、社会捐赠、企业投入等多种渠道，以确保资金的充足和持续。根据企业和学校在产教融合中的投入和贡献，政府

第10章 数智转型下高校金融类专业产教融合的保障机制研究

可提供相应的财政补贴。补贴可以用于支持设备购置、师资培训、课程开发等方面，以降低其参与成本，提高其积极性。同时，政府应制定明确的补贴标准，确保补贴的公平性和透明度。在执行方面，应简化补贴申请流程，减少烦琐的手续，使企业和学校能够便捷地申请到补贴资金。此外，有条件的区域还可以健全"金融＋财政＋土地＋信用"的组合式激励机制，以支持和扶持金融企业基金参与产教融合平台建设。

（2）税收优惠。对积极参与产教融合的企业提供税收优惠，对在产教融合中有突出贡献的企业给予税收减免的优惠。例如，可以减免企业所得税、增值税等税种，以减轻企业的税收负担。政府可制定具体的税收优惠政策，明确税收优惠的具体条件和幅度，以确保政策的可操作性和公平性。类似于财政补贴，相关政府部门可根据企业在产教融合中的投入、成果转化等方面来设定税收优惠的标准，对优惠标准量化，形成可供执行的优惠方案。为保障优惠政策的实施效果，政府可加大对税收优惠政策的宣传力度，使更多企业了解并享受到政策带来的实惠。同时，应提供政策指导和咨询服务，帮助企业正确理解和运用税收优惠政策。

10.3.3 促进信息共享和沟通协作

良好的信息共享机制和沟通协作机制也是产教融合人才培养效果的重要保障，应制定相关政策引导信息共享和沟通协作机制的完善。

（1）建立信息共享平台。其一，为提升产教融合的人才培养效果，相关政府部门应积极推动建立一个集中、统一的信息共享平台，专用于产教融合相关的信息交流与共享。该平台的形式可以是一个网站或者一个App，方便各方随时随地进行信息查阅和上传。该信息共享平台应提供信息发布、数据查询、项目对接、在线咨询等功能，以满足不同用户的需求。其二，应确保平台的安全性和稳定性，保护用户信息不被泄露，相关政府部门应完善针对产教融合过程中相关法律，以保护师生的个人数据。其三，鼓励各方在平台上积极发布项目需求、人才供给、政策动态等信息，提高信息的透明度和流通效率。通过该平台，学校、企业和政府可以及时发布和获取最新的产教融合信息，从而降低因信息不对称带来的合作困难。

（2）加强沟通协作。其一，政府应推动学校、企业和相关部门建立定期的沟通机制，如季度会议、年度论坛等，以促进各方之间的深入交流与合作。这些活动可以为各方提供一个面对面交流的机会，加深彼此的了解和信任。其二，学校、企业和政府应共同参与到产教融合合作目标和评价标准的制定过程中。通过充分的讨论和协商，确保各方对合作有共同的理解和期望，从而提高合作的效率和成果质量。通过加强沟通协作，及时发现和解决合作过程中出现的问题和困难。其三，鼓励各方在产教融合领域进行更多的创新尝试和深度合作，推动产教融合向更高层次、更广领域发展，以确保产教融合的持续健康发展。

10.3.4 加强宣传与推广

相关政府部门可组织相关的宣传推广活动，向社会各界展示产教融合的成果和效益，提高公众对产教融合的认可度和支持度。

（1）组织多样化的宣传推广活动。政府可定期举办产教融合成果展览会，邀请企业、学校和相关机构展示他们在产教融合方面的最新成果和创新实践。通过实物展示、互动体验和技术演示等方式，让参观者直观感受到产教融合带来的变化和进步。同时，可邀请行业专家、学者、企业家和教育工作者共同参与，就产教融合的发展趋势、挑战和机遇进行深入探讨。通过高质量的学术交流和思想碰撞，推动产教融合理论和实践的创新发展。在特定的时间段内，集中开展一系列宣传活动，如讲座、工作坊、互动体验等，以吸引更多公众的关注和参与。

（2）利用多种渠道进行宣传推广。通过电视、广播、报纸等传统媒体，以及互联网、社交媒体等新媒体平台，广泛宣传产教融合的重要性和成果。制作和发布具有吸引力和感染力的宣传视频、图文报道等，增强宣传效果。鼓励

第10章　数智转型下高校金融类专业产教融合的保障机制研究

学校和企业利用自身的宣传资源，如校园网站、企业官网等，积极宣传产教融合的实践案例和成功经验。此外，也要发挥行业协会和组织的桥梁作用，利用行业协会和组织的权威性和影响力，推动产教融合的宣传推广工作，通过行业协会和组织发布的行业报告、研究成果等，提升公众对产教融合的认知和理解。

（3）注重宣传内容的创新和实效性。首先，深入挖掘产教融合中的典型案例和成功经验，通过生动的故事和实例来展示产教融合的实际效果。然后，注重宣传的针对性和实效性，让公众能够真切感受到产教融合带来的好处和变化。其次，要强调产教融合的长期效益，在宣传中突出产教融合对于提升人才培养质量、推动产业升级和促进经济社会发展的长期效益，引导公众从长远角度看待产教融合的重要性和价值，增强其对产教融合的认同感和支持度。

10.4　产教融合人才培养的质量保障机制建设

人才培养质量的提升是产教融合人才培养的关键和核心。高校推进产教融合工作是为了学生的成长，其目标在于提升学生的创新能力和综合能力。因此，在推进产教融合过程中应强化产教融合人才培养的质量保障机制建设。

10.4.1　互动协调机制的建立与完善

产教融合、校企合作互动协调应该包括三个层次：第一个层次是要建立高校与金融行业的合作机制；第二个层次是以支柱产业为切入点，以若干金融学专业重点课程为重点形成合作机制；第三个层次是以专业建设、课程建设、人才培训、专业服务全过程合作为重点，落实到高校与金融机构的互动机制。

具体来说，政府、高校以及金融企业应共同推进产教融合进程，共同建设实习基地，形成以地方政府牵头、多主体共同参与的建设体系。由于金融专业产教融合过程中涉及多个主体以及多类别金融机构，为了确保产教融合的顺利推进，必须制定整体的规划方案，充分考虑各主体的需求，协调各主体之间的关系。第一，金融专业的产教融合整体规划方案要符合高校金融专业的培养目标，也应考虑金融机构的发展要求，同时也应服务于地方政府的金融业和行业发展规划。第二，校企应加强沟通，建立有效、长期、规范的合作机制，约束校企双方的行为，降低沟通与管理成本，提高合作效率，推进双方良好合作，实现双方利益最大化。第三，政府应指导金融机构参与产教融合，激发金融机构热情。各省（直辖市、自治区）可组织各市、县地方国有企事业单位出台与地方金融行业发展现状相结合的产教融合细则政策。

10.4.2 建立产教融合质量标准体系

为了提高产教融合人才培养质量，需要建立一套明确且细化的质量标准体系，并定期评估与动态调整该评估体系。

（1）制定明确且细化的质量标准体系。为了提升产教融合人才培养的质量，其一是建立一套明确且细化的质量标准体系，该体系应紧密结合行业发展的最新需求和金融高等教育的实际特点，确保培养出的人才能够符合市场和企业的实际需要。通过与金融行业各类企业进行深入交流，了解当前及未来一段时间内金融行业对人才的需求标准，以此为基础来设定金融类专业产教融合的培养目标。其二要根据行业需求，制定出具体、可量化的培养目标。例如，可以设定学生在毕业后应具备的核心技能和知识，以及预期能够达到的职业水平。其三是细化课程设置要求。课程设置应紧密围绕金融专业培养目标，既要保证理论知识的系统性，又要强调实践技能的训练。每门课程都应有明确的教学目标和考核标准，确保教学内容的针对性和实效性。其四是规范实践教学环节。实践教学是产教融合人才培养的重要组成部分。因此，质量标准中应明确实践教学的目标、内容、形式以及评价标准，以确保学生在实践中能够真正提升技能水平。其五是明确师资队伍的质量标准和要求。师资队伍的质量直接影响人才培养的效果。在质量标准中，应明确教师的资格要求、教学经验、行业背景等方面的标准，确保教师能够为学生提供高质量的教学和指导。

（2）建立定期评估与动态调整机制。为了确保质量标准的有效实施，并

第10章 数智转型下高校金融类专业产教融合的保障机制研究

随时适应金融行业发展的变化,必须建立一套定期评估与动态调整机制。一是实施定期评估。每隔一段时间,组织专家团队对产教融合人才培养的各个环节进行全面评估。评估内容应包括教学质量、学生满意度、毕业生就业情况等多个方面。二是深入分析评估结果,找出存在的问题和不足。三是及时调整培养方案。根据评估结果,及时对培养方案进行调整和优化。这可能涉及课程内容的更新、教学方法的改进、实践教学环节的加强等多个方面。通过不断地调整和优化,确保产教融合人才培养始终与行业需求保持同步。四是持续跟踪与反馈。在调整培养方案后,还需要建立持续的跟踪与反馈机制。通过定期收集学生、教师和金融企业的反馈意见,了解改进措施的实际效果,以便进一步完善质量标准体系。

10.4.3 完善质量监控与反馈机制

在产教融合人才培养推进过程中,应建立全面的质量监控体系,科学评价人才培养过程和效果,并在多渠道收集信息的基础上持续优化和改进产教融合人才培养模式。

(1) 建立全面的质量监控体系。为了完善产教融合质量监控机制,需设立一个专门的质量监控部门。该部门将负责对产教融合人才培养的全过程进行细致入微的监控,从而确保培养质量达到既定标准。质量监控部门应具备以下几个关键功能。其一,部门需根据行业标准和职业教育特点,制定出一套科学、合理的监控标准。这些标准应涵盖课程设置、教学质量、实践环节、师资队伍等多个方面,为后续的监控工作提供明确的指导,可参考澳大利亚专门成立技能质量局(Australian Skills Quality Authority),以及其国家标准如澳大利亚学历资格框架(Australian Qualification Framework)、澳大利亚高品质培训框架(Australian Quality Training Framework)等,对产教融合人才培养质量进行监督和评估。其二,质量监控部门应定期对产教融合人才培养的各个环节进行评估。这包括但不限于课堂教学观摩、学生作业及考试成果分析、实践教学现场考察等。通过定期评估，及时发现并纠正教学中存在的问题。其三，运用信息化手段建立产教融合运行监测平台。借助现代信息技术，如大数据分析和云计算等，对教学过程中产生的大量数据进行深入挖掘和分析，形成常态化监测预警机制，并探索建立产教融合运行的年审制度（胡新岗 等，2024），推动金融类人才培养的产教融合实体化可持续发展。

（2）为了科学评价金融类产教融合人才培养过程和效果，在借鉴相关研究的基础上，结合前文的分析，本书从办学定位、金融类产教融合教育教学方式、金融专业建设、金融类产教融合师资队伍建设、金融类科学研究与创新以及高校办学条件等方面构建了数智转型下金融类产教融合人才培养评价指标体系，该指标体系的二级和三级指标如表10-5所示。

表10-5 数智转型下金融类产教融合人才培养评价指标体系

一级指标	二级指标	三级指标
办学定位	办学理念	1. 学校"发展规划"等重要文件中体现产教融合办学理念； 2. 学校办学章程中体现产教融合、校企合作； 3. 学校"发展规划"等重要文件中体现数智技术、交叉融合
	领导能力	1. 校级领导对产教融合、校企合作的领导力和决策力； 2. 中层干部对产教融合、校企合作的认知力与执行力； 3. 校级领导和中层干部中具有交叉复合型专业背景的比例
	管理制度	学校制定各项与产教融合发展相适应的教学科研、服务等校地互动或校企合作等管理制度
	治理结构	1. 建立了校级层面的"校地、校企合作"治理结构； 2. 建立二级学院层面的"校地、校企合作"治理结构
	保障机制	1. 产教融合有充足的资金保障、师资保障、政策保障、质量保障； 2. 制定了保障产教融合、校企合作与数智技术结合的制度与政策； 3. 制定了相关政策，以促进数智技术在产教融合中的运用
金融类产教融合教育教学方式	培养目标	培养能满足地方或区域产业经济和金融发展的高级应用型人才
	培养规格	1. 掌握金融专业基本知识，了解金融专业的前沿发展现状及趋势； 2. 能够解决来自金融行业中的具体问题； 3. 具备数智技术运用能力和综合决策能力

第10章 数智转型下高校金融类专业产教融合的保障机制研究

表10-5（续）

一级指标	二级指标	三级指标
金融类产教融合教育教学方式	培养方案	1. 人才培养方案的制定有金融和相关行业从业人员参与； 2. 培养方案中体现了要求学生掌握一定的数智技术； 3. 建立了金融专业教育与职业资格的对接认证机制
	培养模式	1. 建立了产教融合培养机制； 2. 培养模式强调了应用能力的培养
	课堂教学	1. 强调案例式为主的教学方法，建设了金融案例库； 2. 课堂教学邀请了金融机构或监管机构从业人员授课； 3. 课堂教学运用了数智技术进行课堂教学管理
	教学方法	1. 强调项目式为主的教学方法，把实践教学落到实处； 2. 基于人工智能技术对教学方法进行创新； 3. 基于AIGC技术对教学方法进行创新； 4. 基于大数据技术对教学方法进行创新； 5. 在教学方法创新中建立了数智风险防范策略，并得到有效实施
	课程建设	1. 与金融机构或监管部门联合开设金融类课程； 2. 与金融机构或监管部门联合编写金融类教材； 3. 课程建设中充分运用了知识图谱、大数据分析等技术
	教学考试	多样化考试方式制度，通过数智技术进行学情分析
	毕业论文	1. 毕业论文主要来自金融行业、企业生产或管理中的实际问题； 2. 实行校地或校企双导师制，校外导师进行了真实有效的指导
	就业质量	1. 毕业生就业率高，毕业生高质量就业率高； 2. 学生自主创业成效显著
金融专业建设	学科建设	重点建设与区域主导产业和金融行业发展密切联系的应用学科
	专业建设	1. 建立行业和企事业单位专家参与的专业设置及建设制度； 2. 专业建设中充分运用了数智技术
金融类产教融合师资队伍建设	师资结构	1. 专业基础课和专业课中"双师型"教师达到50%以上； 2. 聘请金融行业从业人员或监管部门从业人员； 3. 师生比不低于1∶18

表10-5（续）

一级指标	二级指标	三级指标
金融类产教融合师资队伍建设	教师质量	1. 博士学位教师达到一定比率； 2. 副教授、教授职称者达到一定的比例； 3. 具有计算机、人工智能、数学、物理等交叉复合型专业背景的金融专任教师达到一定比例
	教师培训	1. "双师型"教师培训制度及其建设成效； 2. 学校"教师发展中心"及其教师培训成效； 3. 建立了鼓励教师创新的激励机制
	职称评审	1. 推进教学为主型、科研为主型、社会服务为主型的三级分类评审的职称评制度； 2. 加强了对专业建设成果（如产教融合平台建设）的考核和认定，加大了对实践成果（如案例分析报告）的评审权重
金融类科学研究与与创新	科研制度	1. 建立以"应用型"为导向的应用型科研管理政策和制度； 2. 建立以应用型科学研究为导向的科研绩效评价和考核机制； 3. 学校设有产教融合发展专项资金； 4. 建立了鼓励学科交叉融合的科研奖励制度
	科研平台	有一批与重点金融企业共建的省级、市厅级科技创新团队、社科研究基地、工程实验中心等科研和融合创新平台
	科研项目	1. 有一批较高层次与水平的纵向金融类和交叉类科研项目； 2. 有一批服务地方产业和金融行业发展的横向科研项目
	科研成果	科研成果创新性强、档次高
	成果转化	1. 学校每年专利、技术转让、人文科研成果应用达到一定数量； 2. 成立有科研成果转化机构
高校办学条件	基本条件	学校有支撑金融类产教融合人才培养的基本条件
	校内基地	1. 拥有充足的校内教学与实验、实训、实习、实践场所平台； 2. 建设了运用数智技术的金融类实验室
	校外基地	1. 拥有一批校外教学与科研实验、实训、实习、实践场所平台； 2. 实践平台充分运用了先进的数智技术

注：该指标体系根据《应用型本科高校产教融合发展模式及其实现的保障机制》（夏霖等，2022）、《人工智能与未来教育发展》（黄荣怀等，2023）等研究进行设定。

第10章 数智转型下高校金融类专业产教融合的保障机制研究

（3）多渠道收集信息与持续改进。除了建立质量监控体系外，完善反馈机制也是提高产教融合人才培养质量的关键。定期收集学生、教师和企业的反馈意见，并针对这些意见进行及时的改进。学生的反馈对于改进教学方法和内容至关重要，学校应通过问卷调查、座谈会等方式收集学生对课程设置、教师教学、实践环节等方面的意见和建议。教师是教学活动的主体，学校应鼓励教师提出改进教学的建议，同时为他们提供必要的支持和资源，以促进教学质量的持续提升。企业作为产教融合的另一重要参与方，学校应与企业保持密切的沟通，定期邀请企业代表参与教学评估活动，收集他们对人才培养的期望和建议。通过持续改进，学校可以不断完善产教融合人才培养方案，提高人才培养质量。

10.4.4 构建产教融合监督机制

为了确保产教融合的有效推进并保障其质量，需要构建一个多元化的监督机制，其中以政府监督为主导，辅以社会媒体和公众的监督。这样的机制能够全方位、多角度地对产教融合过程进行监控和评估，从而确保其健康、有序地发展。

（1）政府监督机制的建立。相关政府部门可成立专门的产教融合监控机构，该机构将负责全面监督产教融合的推进情况，确保其符合既定政策和标准。为了有效地进行监控，需要制定一套详细的监控标准，这些标准应涵盖产教融合的各个方面，如教学质量、实践环节、学生满意度等。政府监控机构定期对产教融合进行评估，并向相关部门和学校提供反馈，以便及时调整和改进。根据监控结果，政府可以及时发现政策执行中的问题，并据此对相关政策进行补充和修订，以确保其更加符合实际情况。

（2）利用社会媒体进行市场化监督。为了便于社会媒体进行监督，政府和学校应建立信息公开制度，定期发布产教融合的相关数据和报告。政府鼓励社会媒体对金融类专业产教融合人才培养活动进行深入的报道和宣传，通过媒体的舆论监督来规范其推进过程。社会媒体应密切关注产教融合的热点问题，及时进行追踪报道，以揭示其存在的问题和挑战。

（3）社会公众的监督作用。政府可以通过各种渠道，如公开讲座、网络论坛等，提升公众对产教融合的认知和参与度，从而增强其监督作用。同时，应建立有效的信息反馈机制，让公众能够及时将他们对产教融合的观察和意见反馈给相关部门。公众通过社会媒体和校企的宣传报道信息，实时掌握产教融合的最新动态，并通过社交媒体等平台进行互动和监督。

10.5 本章小结

产教融合人才培养模式的效果提升需要强有力的保障机制，本章从资金、师资、政策和质量等多方面提出了具体的保障机制，以保障金融类产教融合人才培养模式的构建、教学方法改进、课程建设以及实验室建设等，从而推动产教融合人才培养模式得到更广范围的推广和应用。

第11章 结　论

金融是国民经济的命脉，是国家核心竞争力的重要组成部分。为加快建设金融强国，迫切需要大量高素质应用型金融人才。金融行业与高等教育正双双面临数智化转型，金融人才培养需要面向金融行业数智化转型，紧密对接国家发展战略和行业发展的实际需求，并要求破除学校与产业的藩篱，建立产教协同培养的模式，从而真正达到新型金融人才培养的目的和效果。在此背景下，本书以数智转型下金融类专业产教融合为研究对象，探讨了金融类专业产教融合人才培养效果的影响因素和优化路径，主要研究结论如下。

（1）尽管社会各界对产教融合的重要性已有较充分的认识，但在其实施过程中，仍然存在一系列问题。在本科人才培养层面，高校产教融合的模式有待创新，企业参与产教融合的动力有待提升，并且政府协同推进的力度也有待加强。在研究生培养层面，多主体协调机制不健全，跨学科协调模式不完善、研究生培养滞后于行业实际需求，基于产教融合的激励和评价体系不健全。这些问题制约了高校金融类产教融合人才培养效果的进一步提升。

（2）产教融合是一个开放的系统，其实施和运行受多重因素影响。基于调查和结构方程的实证研究表明耦合效应、主体内部效应和外部环境效应是影响金融类产教融合效果的主要因素。高等院校应与金融企业紧密合作，共同应对市场需求的变化。政府是产教融合人才培养的重要推动者，因此，高校、金融企业和政府的多方耦合效应对产教融合人才培养也有重要影响。作为产教融合人才培养的实施主体，高校和企业所产生的内部效应是产教融合效果发挥的关键，而相关政策、经济发展、社会文化、家长支持等外部效应是影响产教融合人才培养效果的重要因素。

（3）在数智转型趋势下，金融类产教融合应充分运用数智技术，并区分本科与研究生人才等不同培养层次创新和优化培养模式，根据高校的特色和优势，构建"数智驱动、开放协同、重点推进、多重保障"的产教融合人才培养模式。在本科人才培养层面，应形成理论实践一体化教学方式、建设应用技术实践师资队伍、创新实践课程内容和构建国际化合作交流平台。在研究生培养层面，应构建多主体协同的金融类研究生教学模式、建立基于协同理念的跨学科金融类研究生培养模式、实施以应用需求为导向的研究生科研创新模式，并建立基于协同理念的金融类研究生培养激励与评价体系。

（4）数智转型下金融类产教融合人才培养模式应重点从课程建设、教学方法改革、实验室建设等方面进行优化。产教建设主体应共同编制教材，创建以虚拟教研室为平台的教材开发新生态，打造虚拟仿真实验类金课。同时，应基于组织方式和数智技术对教学方法进行创新。在实验室建设方面，应模拟金融交易和决策的真实场景，让学生体验瞬息万变的金融市场，从而提高金融类学生的综合能力。

（5）数智转型下金融类产教融合人才培养模式的实施需要有效的保障机制。当前，金融类专业产教融合人才培养需要加强资金保障、师资保障和质量保障机制建设，从而保障金融类产教融合人才培养模式的构建、课程建设、教学方法改进以及实验室建设，以实现产教融合的人才培养效果。

本书对数智转型下金融类产教融合的影响因素和优化路径进行了研究，提出了如何推进产教融合的具体对策，但还有一些问题有待解决。其一，产教融合在我国逐渐成为一种重要的人才培养方式，各高校对其开展形式进行了探索与实践，本书对产教融合的实施模式进行了研究，但还没有全面比较分析各类模式的差异及效果。其二，本书提出了金融类产教融合的优化路径，未来的研究可结合具体的案例深入分析金融类产教融合的实施过程，并对其人才培养效果进行评价和分析。其三，数智技术发展方兴未艾，颠覆性科技成果不断涌现，

第11章 结 论

其对教育以及产教融合人才培养的影响将越来越大，今后的研究可在组建交叉学科研究团队的基础上，深入研究数智技术对高等教育的影响，在实践中将数智技术嵌入产教融合以及高等教育的各个环节，以进一步发挥人工智能等数智技术对教育的赋能效应。

参考文献

◎ 白逸仙，王华，王珺，2022.我国产教融合改革的现状、问题与对策：基于103个典型案例的分析 [J].中国高教研究（9）：88-94.

◎ 宾恩林，2018."一带一路"背景下我国高职产教结合的机遇、挑战与路径 [J].现代教育管理（6）：82-86.

◎ 曹培杰，谢阳斌，武卉紫，等，2024.教育大模型的发展现状、创新架构及应用展望 [J].现代教育技术，34（2）：5-12.

◎ 陈琨，滕琪，2019.基于产教融合的金融科技教学体系探索：以南方科技大学金融系为例 [J].中国教育信息化（20）：44-47.

◎ 陈年友，周常青，吴祝平，2014.产教融合的内涵与实现途径 [J].中国高校科技（8）：40-42.

◎ 陈鹏，2020.共教、共学、共创：人工智能时代高校教师角色的嬗变与坚守 [J].高教探索（6）：112-119.

◎ 陈晓红，杨柠屹，周艳菊，等，2024.数字经济时代AIGC技术影响教育与就业市场的研究综述：以ChatGPT为例 [J].系统工程理论与实践，44（1）：260-271.

◎ 陈星，2020.应用型高校产教融合动力研究 [M].北京：中国社会科学出版社.

◎ 戴瑞婷，李乐民，2024.面向产教融合的高校人工智能人才培养模式探索 [J].高等工程教育研究（3）：19-25.

◎ 邓蕾，2019.高职院校产教融合症结探析：以辽宁金融职业学院为例 [J].广东蚕业，53（4）：103-104.

◎ 丁国富，王淑营，马术文，等，2024. 基于知识图谱的产教融合课程体系建设模式探索 [J]. 高等工程教育研究（2）：79-83，90.

◎ 丁红玲，王晶，2015. 职业教育产教深度融合的路径选择 [J]. 教育理论与实践，35（15）：23-25.

◎ 丁建石，2013. 基于产业链的高职院校产学合作模式及路径研究 [J]. 中国职业技术教育（30）：14-18.

◎ 董维春，刘芳，刘晓光，2022. 基于结构功能模型的高校产教融合问题与对策研究：以新农科建设为例 [J]. 中国大学教学（7）：74-80.

◎ 段世飞，钱跳跳，2024. 虚拟国际化：数字时代高等教育国际化的新路向 [J]. 苏州大学学报（教育科学版），12（2）：51-61.

◎ 方霞，张云，赵平，2022. 数字经济时代金融人才数据素养培养困境与对策研究 [J]. 中国大学教学（9）：23-27.

◎ 冯剑峰，姜浩哲，刘珈宏，2024. 面向人机协同的教师数智素养：测评框架、现状审视与优化路径 [J]. 教育发展研究，44（10）：21-29.

◎ 高鸿，赵昕，2021. 基于产业链与人才链深度融合的高职产业学院建设研究 [J]. 职教论坛，37（4）：33-38.

◎ 耿洁，2006. 工学结合及相关概念浅析 [J]. 中国职业技术教育，（35）：13-15.

◎ 郭广军，杨无敌，李昱，2024. 职业院校深化产教融合的进展成效、存在问题与推进策略 [J]. 教育与职业，（11）：48-54.

◎ 何涛，刘成，2024. 数字金融背景下加快数字化金融人才队伍建设的思考 [J]. 武汉金融（4）：85-88.

◎ 和震，2024. 产教融合本质内涵和基本规律的洞察与把握 [J]. 中国职业技术教育（15）：25-29.

◎ 洪军，王小华，王秋旺，等，2024. 校企协同、产教融合卓越工程科技人才

参考文献

培养探索[J]. 高等工程教育研究（3）：37-41，168.

◎ 侯俊军，蒯文婧，徐航天，2023. 文化自信视角下我国高校国际化发展：问题与对策[J]. 大学教育科学（4）：48-59.

◎ 胡万山，2023. 产教融合视域下国外应用型大学课程建设的经验与启示：以德、英、美、澳为例[J]. 成人教育，436（5）：81-87.

◎ 胡新岗，黄银云，李莹，2024. 行业产教融合共同体实体化运行的具象表征、实践逻辑与推进策略[J]. 教育与职业（7）：78-84.

◎ 胡志浩，2018. 新金融发展与产教融合[J]. 世界教育信息，31（21）：68.

◎ 黄荣怀，等，2023. 人工智能与未来教育发展[M]. 北京：科学出版社.

◎ 贾君怡，于明哲，2021. 金融科技专业建设与人才培养的实践探索研究[J]. 科学决策（12）：145-150.

◎ 江勇，2024. 经管类虚拟仿真实验室建设路径与实践[J]. 实验室研究与探索，43（1）：238-245.

◎ 姜红，李师萌，盖金龙，等，2023. 基于政策工具视角的中国产教融合政策适配性研究：77份国家层面政策文件的量化分析[J]. 吉林大学社会科学学报，63（1）：83-99，236-237.

◎ 姜伟星，2023. 产教融合理念下校企合作人才培养理论与实践研究[M]. 天津：天津科学技术出版社.

◎ 中华人民共和国教育部，2022. 西安电子科技大学探索"智能教育"建设 推动新时代教育高质量发展[EB/OL].（2022-01-20）[2024-09-24].http://www.moe.gov.cn/jyb_sjzl/s3165/202201/t20220120_595340.html.

◎ 中华人民共和国教育部，2023. 西安电子科技大学"四向发力"加快推进教育数字化转型发展[EB/OL].（2023-11-23）[2024-09-24].http://www.moe.gov.cn/jyb_sjzl/s3165/202311/t20231123_1091771.html.

◎ 中华人民共和国教育部，2024. 辽宁省构建产教融合发展新格局 服务全面

振兴新突破 [EB/OL].（2024-03-22）[2024-09-24].http://www.moe.gov.cn/jyb_sjzl/s3165/202403/t20240322_1121687.html.

◎ 中华人民共和国教育部，2024.上海交通大学深化应用模式创新 推动教育数字化转型发展 [EB/OL].（2024-06-05）[2024-09-24].http://www.moe.gov.cn/jyb_sjzl/s3165/202406/t20240606_1134199.html.

◎ 雷晓燕，邵宾，2023.大模型下人工智能生成内容嵌入数字素养教育研究 [J].现代情报，43（6）：99-107.

◎ 李辉，李蕊馨，2024.人工智能生成内容赋能高等教育数字教材建设的价值指向与路径 [J].陕西师范大学学报（哲学社会科学版），53（4）：161-169.

◎ 李健，李建军，彭俞超，2024.打造新时代高质量金融学教材的几点思考 [J].中国大学教学（8）：92-96.

◎ 李巾锭，樊林浩，张寿行，等，2024."1+N+X"产教融合协同育人模式在储能专业人才培养中的探索与实践 [J].储能科学与技术，13（6）：2099-2106.

◎ 李武玲，贺静，谢红霞，2024.中国式现代化背景下职业教育产教融合"四轮驱动"体系构建与实施路径 [J].教育与职业（3）：37-41.

◎ 李晓，2020.我国职业教育产教融合的运行环境及教育对策分析 [J].职教论坛，36（6）：32-37.

◎ 李一，2023.德国工业4.0产教融合"智慧学习工厂"的构建理念与实施路径 [J].职业技术教育，44（34）：73-79.

◎ 李银丹，李钧敏，施建祥，2020.产教融合视角下应用型本科高校一流课程建设策略研究 [J].中国大学教学，（5）：46-51.

◎ 李玉珠，2018.我国产教融合发展的制度环境及优化研究 [J].职教论坛（8）：33-38.

◎ 李昀，2021.现代产业学院产教融合的探索与实践：以福建省Q高校产业学

院为例 [J]. 改革与开放（22）：39-43，49.

◎ 梁传杰，熊盛武，范涛，2023. 基于企业需求导向的产教融合研究生培养模式改革与实践 [J]. 学位与研究生教育（5）：7-13.

◎ 梁艳，蒲祖河，2023. 共生理论视域下应用型金融科技人才培养路径探究 [J]. 教育理论与实践，43（33）：12-15.

◎ 林敏，吴雨宸，宋萑，2024. 人工智能时代教师教育转型：理论立场、转型方式和潜在挑战 [J]. 开放教育研究，30（4）：28-36.

◎ 刘芳，吴炎太，2019. 金融大数据复合型人才培养模式研究：以广东金融学院为例 [J]. 中国管理信息化，22（19）：198-202.

◎ 刘静，连彦青，2023. 产教融合下行业专家如何参与专业学位研究生授课：兼论清华大学校友行业专家课程 [J]. 研究生教育研究（5）：72-77.

◎ 刘赛红，罗长青，2024. 湖南工商大学财政金融学院：需求牵引质量驱动创新"金融+"人才培养模式 [N]. 光明日报，2024-06-20（10）.

◎ 刘婷婷，赵丽，柳昕宇，等，2022. 新商科背景下高校金融实验室建设与应用型人才培养研究 [J]. 现代商贸工业，43（19）：94-95.

◎ 柳友荣，项桂娥，王剑程，2015. 应用型本科院校产教融合模式及其影响因素研究 [J]. 中国高教研究（5）：64-68.

◎ 卢宇，余京蕾，陈鹏鹤，等，2023. 多模态大模型的教育应用研究与展望 [J]. 电化教育研究，44（6）：38-44.

◎ 罗成翼，王琦，2020. 湖南省应用型本科高校产教融合发展现状、问题及对策研究 [J]. 当代教育论坛（6）：86-96.

◎ 罗江华，张玉柳，2023. 多模态大模型驱动的学科知识图谱进化及教育应用 [J]. 现代教育技术，33（12）：76-88.

◎ 罗勇，2022. 新时代高校产教融合人才培养模式研究 [M]. 成都：西南财经大学出版社.

◎吕鹰飞，2019a. 金融管理专业现代学徒制人才培养模式改革与实践：以长春金融高等专科学校为例 [J]. 科教导刊（上旬刊）（16）：26-27.

◎吕鹰飞，2019b. 现代学徒制创新金融人才培养模式研究 [J]. 改革与开放（10）：103-104，107.

◎马方琳，2018. 产教融合视域下金融人才培养路径探析 [J]. 教育现代化，5（11）：16-17.

◎马海涛，2024. 发挥高校培育金融人才龙头作用切实服务金融强国建设战略需要 [J]. 中国高等教育（8）：34-38.

◎苗逢春，2023. 生成式人工智能技术原理及其教育适用性考证 [J]. 现代教育技术，33（11）：5-18.

◎聂建强，2023. 产教融合：高校知识产权复合型人才培养的困境与出路 [J]. 中国大学教学（12）：38-45.

◎聂挺，仇怀凯，刘辉，2024. 产教融合组织形态治理结构的演变轨迹与创新进路 [J]. 高等工程教育研究（4）：134-140.

◎潘传广，邹晓红，2023. 产教融合背景下职业院校"双螺旋"人才培养模式构建与实践路径 [J]. 职业技术教育，44（26）：31-34.

◎彭丽华，王萍，黄祯磊，等，2024. 从技术预见到生态重塑：高等教育变革与人工智能的共生演进——《2024地平线报告（教与学版）》之要点审视 [J]. 远程教育杂志，42（3）：3-10，31.

◎邱懿. 构建五个机制，放大产教融合效能 [N]. 中国教育报，2024-06-11（06）.

◎盛天翔，王翌秋，2023. 金融科技专业人才培养动态、模式比较与建议 [J]. 中国大学教学（4）：18-24.

◎孙振忠，黄辉宇，2019. 现代产业学院协同共建的新模式：以东莞理工学院先进制造学院（长安）为例 [J]. 高等工程教育研究，（4）：40-45.

◎汤镇源，2019. 关于金融行业产教融合的思考 [J]. 经济研究导刊（29）：169-

参考文献

170.

◎ 唐未兵，温辉，彭建平，2018."产教融合"理念下的协同育人机制建设[J]. 中国高等教育（8）：14-16.

◎ 田玉鹏，黄燕晓，2024. 行业院校创新型人才培养：从产教融合1.0到2.0[J]. 教育理论与实践，44（24）：23-27.

◎ 汪霞，周凝，朱林，等，2024. 跨越边界：产教融合协同培养专业学位研究生的新探索[J]. 学位与研究生教育（1）：1-8.

◎ 王棒，陆雯，余家斌，2024. 产教融合赋能新质生产力发展：空间生产的视角[J]. 职业技术教育，45（19）：15-20.

◎ 王坤，李天然，李琦，2024."产教融合，交叉创新"：新工科背景下工业设计专业创新型人才培养模式探索与实践[J]. 包装工程，45（S1）：608-613.

◎ 王盛，汪聪，刘雅琼，等，2024. 基于生成式人工智能应用的批判性信息素质教育设计[J]. 大学图书馆学报，42（4）：69-76.

◎ 文秋芳，2024. 人工智能时代的外语教育会产生颠覆性革命吗？[J]. 现代外语，47（5）：722-731.

◎ 巫娜，2024."生成式人工智能＋教育"的伪主体间性及其风险[J]. 现代大学教育，40（4）：27-37.

◎ 吴砥，李环，陈旭，2023. 人工智能通用大模型教育应用影响探析[J]. 开放教育研究，29（2）：19-25，45.

◎ 吴芳芳，吴思，郑水珠，2018. 金融服务行业视角下应用型高校产教融合转型发展新型模式研究[J]. 价值工程，37（20）：240-241.

◎ 吴河江，吴砥，2024. 教育领域通用大模型应用伦理风险的表征、成因与治理[J]. 清华大学教育研究，45（2）：33-41.

◎ 吴明晖，刘珊珊，颜晖，2021. 教育部产学合作协同育人项目推进情况研究[J]. 黑龙江高教研究，39（10）：35-40.

◎ 肖纲领，李威，林荣日，2023.地方本科院校产教融合制度建设困境的审视与纾解：组织社会学新制度主义的视角[J].高教探索（3）：12-18，70.

◎ 肖静华，谢康，吴瑶，2023.基于产教融合的商科"活"案例教学模式[J].管理案例研究与评论，16（6）：819-828.

◎ 谢常绿，王修华，2016.我国金融专业学位硕士培养模式探讨：以美国德克萨斯州大学奥斯汀分校为例[J].保险职业学院学报，30（4）：89-93.

◎ 谢笑珍，刘沛帮，2022.科技金融推进产教融合的机理及机制：以MIT为例的分析与启示[J].中国高校科技，（4）：73-78.

◎ 邢赛鹏，陶梅生，2014.应用技术型本科高校师资队伍体系构建研究：基于"产教融合和校企合作"的视角[J].职教论坛，（29）：4-8.

◎ 徐涵，2008.工学结合概念内涵及其历史发展[J].职业技术教育，29（7）：5-8.

◎ 徐佳虹，2023.利益何以共识：产教融合的底层逻辑探究——基于中山市Z职校与L企业的个案研究[J].高等工程教育研究（4）：145-150.

◎ 徐梅，曾一，李晓斌，2023.基于CDIO理念的项目制金融科技人才培养模式构想[J].财务与会计（2）：79.

◎ 徐守坤，李忠玉，王建慧，2024.高校产教融合高质量发展：国际经验、中国优势与未来图景[J].高等工程教育研究，（3）：109-114.

◎ 许捷，李玉菲，2019.新时代金融高职教育高质量发展的路径探索[J].职业技术教育，40（20）：20-24.

◎ 杨璐，史明艳，田静，2021.高职院校产教融合实训基地建设的困境与对策[J].中国高校科技（1/2）：103-106.

◎ 杨善江，2014."产教融合"的院校、企业、政府角色新探：基于"三重螺旋"理论框架[J].高等农业教育（12）：117-119.

◎ 杨胜刚，2021.关于加快一流本科专业点建设的思考：以金融学专业为例[J].中国大学教学（8）：35-41，2.

参考文献

◎ 于竞，鞠伟，2018. 产教融合推进高水平应用型高校建设 [J]. 中国高校科技（12）：48-50.

◎ 余仙梅，程振锋，毕进杰，2023. 双重视角下省域产教融合政策供给优化研究：基于23省产教融合政策文本的分析 [J]. 中国职业技术教育（31）：11-20.

◎ 袁凌，谢赤，谢发胜，2006. 高校教师工作满意度的调查与分析 [J]. 湖南师范大学教育科学学报，5（3）：103-106.

◎ 宰冰欣，叶兰，胡燕菘，2024. 国外高校图书馆人工智能素养教育调查研究：基于人工智能 LibGuide 的分析 [J]. 大学图书馆学报，42（4）：58-68.

◎ 翟志华，2014. 高职校企合作的问题与对策 [J]. 中国高校科技（10）：66-67.

◎ 张建伟，2018. 创新引领，开发性金融助推深化产教融合路径探索 [J]. 世界教育信息，31（21）：65-67，71.

◎ 张森，2024. 走向创新：新质生产力视域下产教融合共同体的本质特征 [J]. 中国远程教育，44（8）：88-96.

◎ 张绒，2023. 生成式人工智能技术对教育领域的影响：关于 ChatGPT 的专访 [J]. 电化教育研究，44（2）：5-14.

◎ 张绪忠，郭宁宁，2020. 省级行政区域深化产教融合政策的扩散机制研究 [J]. 教育发展研究，40（7）：15-21.

◎ 张洋，罗思明，徐莹，等，2024. 高校领导者产教融合能力研究 [J]. 高等工程教育研究（3）：103-108.

◎ 张宇敬，王柳，申晨，2019. 新金融背景下互联网金融专业建设探索 [J]. 河北金融（12）：68-71.

◎ 张跃军，石威，朱恬恬，2024. 新商科的理论内涵、运行逻辑和实践路径 [J]. 天津大学学报（社会科学版），26（1）：28-37.

◎ 赵军，申怡，夏建国，2018. 产教合作命运共同体导向的地方高校新工科建设研究 [J]. 中国高教研究（7）：75-78.

◎ 郑永和，王一岩，杨淑豪，2024.人工智能赋能教育评价：价值、挑战与路径[J].开放教育研究，30（4）：4-10.

◎ 周道许，周京，陈放，等，2024.金融科技人才供需调研报告（2024）[R/OL].（2024-07-02）[2024-09-24].清华大学五道口金融学院金融安全研究中心研究报告.https://thuifr.pbcsf.tsinghua.edu.cn/jinrongkejiyanjiubaogao2024-7jinrongkejirencaigongxudiaoyanbaogao2024.pdf

◎ 周丽萍，孙晓哲，岳昌君，2024.人工智能时代STEM大学生核心能力发展与教育对策：基于全国17个省区市32所高校抽样调查数据的实证分析[J].中国人力资源开发，41（7）：69-91.

◎ 周正义，邓恩，2019.浅析金融产业转型升级背景下的产教融合困境及双重现实需要：以湖南高职金融管理专业为例[J].企业科技与发展（4）：105-106.

◎ 朱澍清，刘小华，2013.论产教联盟的本质属性、组织功能及其实现机制[J].大学教育科学（2）：37-41.

◎ 朱恬恬，杨菲，张跃军，2022."双一流"建设政策下高校科技资源配置水平及其地区差异研究[J].大学教育科学（3）：70-82.

◎ 朱铁壁，张红霞，2022.产教融合成熟度评价及对策研究：结合五省15所高职院校评价结果的分析[J].中国大学教学（9）：86-95.

◎ AKÇAY E, HIRSHLEIFER D, 2021. Social finance as cultural evolution, transmission bias, and market dynamics[J]. Proceedings of the national academy of sciences(PNAS), 118(26): e2015568118.

◎ ALMALKI H A, DURUGBO C M, 2023. Evaluating critical institutional factors of Industry 4.0 for education reform[J]. Technological forecasting and social change, 188: 122327.

◎ BEKTAŞ Ç, TAYAUOVA G, 2014. A model suggestion for improving the efficiency of higher education: University-industry cooperation[J]. Procedia-social and behavioral sciences, 116: 2270-2274.

◎ BRAUN F, 1987. Vocational training as a link between the schools and the labour market: The dual system in the Federal Republic of Germany[J]. Comparative education, 23(2): 123-143.

◎ LI X H, CHEN W B, ALRASHEEDI M, 2023. Challenges of the collaborative innovation system in public higher education in the era of industry 4.0 using an integrated framework[J]. Journal of innovation & knowledge, 8(4): 100430.

◎ GUO Y, LEE D, 2023. Leveraging chatgpt for enhancing critical thinking skills[J]. Journal of chemical education, 100(12): 4876-4883.

◎ HASHIM M A M, TLEMSANI I, MASON-JONES R, et al., 2024. Higher education via the lens of industry 5.0: Strategy and perspective[J]. Social sciences & Humanities open, 9: 100828.

◎ HE Z H, CHEN L F, ZHU L Q, 2023. A study of Inter-Technology Information Management (ITIM) system for industry-education integration[J]. Heliyon, 9(9): e19928.

◎ BAYGIN M, YETIS H, KARAKOSE M, et al., 2016. An effect analysis of industry 4.0 to higher education[C]//[s.n.].2016 15th International Conference on Information Technology Based Higher Education and Training(ITHET). Istanbul, Turkey: IEEE: 1-4.

◎ KERN R, 2024. Twenty‐first century technologies and language education: Charting a path forward[J]. The modern language journal, 108(2):515-533.

◎ PU F, ZHANG Z W, FENG Y, et al., 2022. Learning context-based embeddings for knowledge graph completion[J]. Journal of data and information science, 7(2): 84-106.

◎ QADIR J, 2023. Engineering education in the era of ChatGPT: Promise and pitfalls of generative AI for education[C]//[s.n.]. 2023 IEEE Global Engineering Education Conference (EDUCON). Kuwait: IEEE: 1-9.

◎ THAYAPARAN M, MALALGODA C, KERAMINIYAGE K, et al., 2014. Disaster management education through higher education-industry collaboration in the built environment[J]. Procedia economics and finance, 18: 651-658.

◎ The Institute for Ethical AI in Education, 2021. The ethical framework for AI in education[OL]. https://www.buckingham.ac.uk/wp-content/uploads/2021/03/The-Institute-for-Ethical-AI-in-Education-The-Ethical-Framework-for-AI-in-Education.pdf.

◎ THORP H H, 2023. ChatGPT is fun, but not an author[J]. Science, 379(6630): 313-313.

◎ WANG K Q, LI B X, TIAN T, et al., 2023. Evaluate the drivers for digital transformation in higher education institutions in the era of industry 4.0 based on decision-making method[J]. Journal of innovation & knowledge, 8(3): 100364.

◎ WU Y, 2023. Achieve breakthroughs in opening up new areas, Forming fresh strength of educational development —— Digital transformation of education for new development in higher education[C]. Global MOOC and online education Conference 2023, Milan, Italy.

◎ YOON H, 2019. Do higher skills result in better jobs? The case of the Korean animation industry[J]. Geoforum, 99: 267-277.